高校人力资源
管理发展与服务创新研究

王 丹 著

西北工业大学出版社

西 安

图书在版编目(CIP)数据

高校人力资源管理发展与服务创新研究 / 王丹著
. — 西安：西北工业大学出版社，2021.12
 ISBN 978 − 7 − 5612 − 8067 − 6

Ⅰ.①高…　Ⅱ.①王…　Ⅲ.①高等学校-人力资源管理-研究-中国　Ⅳ.①G647.23

中国版本图书馆 CIP 数据核字(2021)第 272996 号

GAOXIAO RENLI ZIYUAN GUANLI FAZHAN YU FUWU CHUANGXIN YANJIU
高 校 人 力 资 源 管 理 发 展 与 服 务 创 新 研 究
王 丹　著

责任编辑：万灵芝　胡莉巾	策划编辑：张　晖
责任校对：王　蓁	装帧设计：李　飞

出版发行：西北工业大学出版社
通信地址：西安市友谊西路 127 号　　邮编：710072
电　　话：(029)88491757，88493844
网　　址：www.nwpup.com
印　刷　者：西安五星印刷有限公司
开　　本：710 mm×1 000 mm　　1/16
印　　张：9
字　　数：176 千字
版　　次：2021 年 12 月第 1 版　　2021 年 12 月第 1 次印刷
书　　号：ISBN 978 − 7 − 5612 − 8067 − 6
定　　价：40.00 元

如有印装问题请与出版社联系调换

前　言

　　人力资源管理是指在经济学与人本思想指导下,通过招聘、选拔、培训、支付报酬等管理形式对组织内外相关人力资源进行有效运用,满足组织当前及未来发展的需要,保证组织目标实现与成员发展最大化的一系列活动的总称。它是预测组织人力资源需求并做出人力需求计划、招聘选择人员并进行有效组织、考核绩效、支付报酬并进行有效激励、结合组织与个人需要进行有效开发以便实现最优组织绩效的全过程。

　　伴随着中国科技水平的飞速提高,各行各业都在不断地推陈出新。教育是国家发展的基础,教育强则国强。目前学校的信息化和数字化的管理已经逐渐普及,且高校在职员工较多,人力资源信息化建设是必不可少的运作方式。高校人力资源管理是保证高校教学研究顺利开展、实现高校长效健康发展的经济学管理活动,高校可以有效提高人力资源配置管理的效率与质量,提高高校的运行管理水平,进而更好地为教学与科研服务。

　　本书基于高校发展的实际,对高校人力资源管理进行概述,包括人力资源管理及其内涵与重要性、职能与特性;通过高校人力资源管理信息化服务建设,促进人力资源管理系统能力升级;研究新时期高校人力资源培训与开发的相关问题;从高校人力资源档案管理、招聘管理等方面探讨高校人力资源管理的发展;探究如何建立健全的高校人力资源管理信息化系统;研究高校人力资源管理的核心环节——人力资源规划的内涵、作用与任务、环境与原则、内容与程序;为实现人力资源管理与服务的高效与便捷,探讨如何建立一个面向对象的资源可共享的自助服务平台;以人才工作为重点,通过 E－HR 系统提供分类体系与服务。

　　本书内容丰富,结构逻辑清晰,文字通俗易懂,对高校人力资源的相关内容进行详细的论述,在理论上能够给予读者启发,在实践上具备可操作性。同时,本书结合人力资源管理理论对高校人力资源管理工作进行了深入分析,兼顾系统性与内容性，希望对高校人力资源的发展与创新有所启发。

  在撰写本书的过程中，参考了大量国内外的相关研究文献和材料，得到了许多专家、学者的帮助和指导，谨在此表示诚挚的谢意。

  由于水平有限，书中难免存在疏漏之处，希望各位读者多提宝贵意见，以待进一步修改。

著　者
2021 年 8 月

目　　录

第一章　高校人力资源管理概述 ································ 1
 第一节　人力资源管理简述 ································ 1
 第二节　高校人力资源管理的内涵与重要性 ··············· 5
 第三节　高校人力资源管理的职能与特性 ·················· 7

第二章　高校人力资源管理信息化服务建设 ·················· 10
 第一节　高校人力资源管理信息化 ······················· 10
 第二节　信息化背景下的人力资源管理系统 ·············· 14
 第三节　高校人力资源档案管理的信息化建设与安全管理 ··· 17

第三章　新时期高校人力资源培训与开发 ···················· 26
 第一节　高校人力资源培训与开发概述 ··················· 26
 第二节　高校教学人员的培训与开发 ······················ 33
 第三节　高校管理人员的培训与开发 ······················ 38

第四章　高校人力资源档案管理 ································ 42
 第一节　高校人力资源档案概述 ·························· 42
 第二节　高校人力资源档案管理基本原则 ················· 46
 第三节　高校人力资源档案管理方法与要求 ·············· 48
 第四节　人才流动给人力资源档案管理带来的问题与对策 ··· 50

第五章　高校人力资源招聘管理 ································ 54
 第一节　高校人力资源招聘 ······························· 54
 第二节　高校人力资源招聘流程与聘任制 ················· 57
 第三节　高校人力资源招聘中的人才测评 ················· 65

第六章　高校人力资源管理信息化系统解决方案 ············· 72
 第一节　高校人力资源管理信息化系统建设内容 ········· 72
 第二节　高校人力资源管理信息化系统设计思路 ········· 75
 第三节　高校人力资源管理信息化系统顶层设计要素 ····· 76
 第四节　关键要素实施方案 ······························· 79

第五节　运行环境与系统解决方案 …………………………… 83
第七章　高校人力资源规划 …………………………………………… 87
　　第一节　高校人力资源规划的内涵 …………………………… 87
　　第二节　高校人力资源规划的作用与任务 …………………… 90
　　第三节　高校人力资源规划的环境与原则 …………………… 93
　　第四节　高校人力资源规划的内容与程序 …………………… 97
第八章　面向对象的自助服务体验 …………………………………… 112
　　第一节　公共服务平台 ………………………………………… 112
　　第二节　员工自助平台 ………………………………………… 114
　　第三节　人事干事自助平台 …………………………………… 115
　　第四节　决策支持平台 ………………………………………… 117
第九章　高校 E-HR 系统的分类体系与服务 ………………………… 118
　　第一节　构建分层分类的高校人才队伍体系 ………………… 118
　　第二节　高校多元化招聘人才 ………………………………… 123
　　第三节　高校人事工作的源点 ………………………………… 126
　　第四节　非事业编人员及其分类管理与服务 ………………… 133
参考文献 ………………………………………………………………… 136

第一章 高校人力资源管理概述

在国家实施"科教兴国,人才强国"战略的背景下,高校作为国家人才培养的主要基地,担负着国家发展、兴旺的重要职责。要造就一批未来能担负国家重要使命的人才,首先要打造一支高素质、高效能的高校人力资源队伍,通过对高校人力资源的管理及开发、高校文化的塑造、制度的确立,建立完善的高校人力资源管理机制。为了更好地对高校人力资源进行管理,本章主要就高校人力资源管理的概念、目标,人力资源管理发展现状与趋势,高校人力资源管理内涵重要性、职能以及特性等方面进行分析,以明确在进行高校人力资源管理中的基本问题。

第一节 人力资源管理简述

一、高校人力资源管理的相关概念

从宏观角度上看,人力资源是指一个国家或地区中已经达到劳动年龄,能够独立参加社会劳动,能推动社会经济向前发展的劳动力。从微观角度上看,人力资源是指企事业单位或组织中能够创造价值、起到贡献作用的人员。

高校作为人才的聚集地和培养地,在人力资源方面有得天独厚的优势,其优势主要体现在优秀人才的供给源源不断与科学研究成果的更新速度快上。高校的人力资源作为优质的人力资源具有双重性:一是高校人力资源是高素质的人力资源;二是高校承担着培养和储存人力资源的责任。在新的时代背景下,国家发展知识经济必须要重视高校人力资源的作用,利用高校人力资源的力量发展高科技产业。而高校的发展也要融入知识经济中,必须从高校自身的人力资源出发,科学地开发和利用人力资源。

高校资源主要是指财务资源、人力资源、物资资源。其中人力资源具有创造性、优质性、激励性等特性,因而成为高校资源中的精华部分。高校人力资源的定义可分为广义和狭义两种:广义的高校人力资源是指对高校教育事业的发展有一定贡献,能为经济与社会发展培养专业的人才,以脑力劳动为主、体力劳动为辅,并处于劳动中的人们的总称;狭义的高校人力资源是指高校在职的师资、离退休返聘人员、部分待业人员的总称。狭义的高校人力资源包含质量与数量两个方面。质量是指高校劳动者的受教育程度、专业文化知识储备、学术研究水平、健康状况等要素。数量是指高校中劳动者的年龄、性别等要素。高校人力资源主要由师资、管理人员以及后勤服务人员三个部分组成。

社会人力资源系统的一个极其重要的组成部分是高校人力资源。高校通过对高素质人才的不断获取，将人才资源与高校的教师资源进行整合，使之达到最优。高校激发教师资源的潜能，提高他们对学校教育事业的积极性，以实现学校发展目标。从宏观来看，高校人力资源管理是指高校人力资源管理部门运用科学的管理方法，落实对高校各类人员的规划和组织工作，包括引进人才的培训与开发、人才的有效利用、评估标准的制定，并且对各项工作进行预先规划以及灵活调控。从微观来看，它是指高校人力资源管理部门对各类人才的规划和配置，包括招聘制度、教育培训、绩效考核、激励机制、人员流动等。高校人力资源管理指高校对人力资源科学化的使用、开发与培训、管理等一系列活动的总称。高校人力资源的强化管理，一方面对高校自身的人力资源配置、高等教育事业发展及加大人力资源开发力度起到重要作用；另一方面对于充分挖掘人才的潜能、激发人的积极性和创造性也起到很重要的作用。研究高校人力资源管理，不仅能有效提升高校自身水平，也能促进我国社会进步和经济发展。

二、高校人力资源管理的目标

(一)取得最大的教职工人力资源使用价值

高校要合理地使用教师资源，高校人力资源开发与培养及其管理必须以充分激发每一位教职工的潜能为目标。为了达到这个目标，高校需要为教职工营造一个良好的环境，让高校教职工能够发挥自己最大的优势，高质量完成学校关于人力资源开发、培训及管理的目标。

(二)全面提高教职工的综合素质

高校人力资源管理想要取得一定的成绩，必须突破传统的高校人力资源管理模式。传统高校人力资源管理模式只单方面注重对教师的使用，而对教师的培训和开发的投入程度还不够深入；现代高校人力资源管理模式对教职工资源的合理使用及培训与开发两个方面都非常注重，使得高校人力资源的价值不断提高。关于教职工资源使用观念的转变，毫无疑问对高校的长远发展具有不可估量的价值。

(三)最大限度地调动教职工的主观能动性

在传统高校人力资源管理模式的影响下,教职工的工作是被动的,只是单纯地为了完成工作任务而工作,工作目的也只是完成学校的任务目标,工作效率低。现代高校人力资源管理模式的观念是维护和激励高校教职工,以激发教师工作的主观能动性。

三、人力资源管理的发展阶段及发展趋势

(一)人力资源管理的发展阶段

人力资源管理始于20世纪70年代末,是一门崭新的管理学科。虽然人力资源管理发展的历史不长,但是其管理理念的发展却很迅速。18世纪末到20世纪70年代,人力资源管理处于传统的人事管理阶段。伴随着工业革命发展、演变,到了20世纪70年代末,传统的人事管理不再适用,而从观念、模式、内容、方法等方面向现代人力资源管理转变,从此人力资源管理的发展有了新突破。

1. 人事管理阶段

传统的人事管理经历过三个阶段的发展:科学管理阶段、工业心理学阶段和人际关系管理阶段。在传统的人事管理中,"人"仅被看作档案,而人力资源管理部门只是用来办理日常考勤、工资发放、离职、退休、离休等手续的部门。20世纪初,泰勒开创了科学管理学派,奠定了科学管理理论的基础,从此科学管理在美国开始大规模推行。泰勒认为想要达到最高的工作效率,需要将管理工作标准化、科学化,由此他提出"计件工资制"和"计时工资制",开创了劳动定额管理制。1929年,美国哈佛大学教授梅奥带领研究小组在美国西方电气公司的霍桑工厂进行了在人力资源管理历史上著名的霍桑实验,标志着组织对人的研究拉开序幕。

2. 人力资源管理阶段

进入20世纪80年代,人力资源管理的理论与实践同时得到较好的发展。在企业,人力资源管理逐渐替代了人事管理。步入20世纪90年代,随着人力资源管理理论的全面发展和逐渐成熟,人们对人力资源管理的研究也在向如何为企业战略服务转移,人力资源管理部门在企业中扮演的角色也向企业战略合作方向转移。企业战略人力资源管理理论的提出、发展与完善,是现代人力资源管理进入新阶段的主要标志。

现代人力资源管理分为三个发展阶段,分别是人力资源管理阶段、战略人力

资源管理阶段及人才管理阶段。人力资源管理阶段，是一个快速发展、创新与变革的时期。在此期间，人力资源管理从传统的人事管理转向现代人力资源管理，随之建立六大模块：人力资源规划、招聘与配置、培训与开发、绩效管理、薪酬福利管理、劳动关系管理。但是起初，各个模块是相互独立的体系。在战略人力资源管理阶段，组织设计被纳入人力资源管理的工作业务范围，人力资源管理部门的发展目标服从于企业战略目标。在人才管理阶段，人力资源管理的各模块不再相互独立，而成为一个整体，人力资源管理部门的工作重心转向对高素质人才的招聘、培训、管理及留住人才上。其主要工作目标是为保障公司发展而提供持续的人才供应，强化人力资源管理的战略地位。

（二）人力资源管理的发展趋势

在高校的发展变革中，人力资源管理制度的变革大致分为四个阶段：第一阶段称为探索阶段。在探索阶段，由于没有理论作为指导，高校人力资源管理以职称制度为主。第二阶段称为制定阶段。在制定阶段，制定主要是指制定相关的规章制度，改进工资制度与选聘制度等。第三阶段称为深化阶段。在深化阶段，基于原有的人力资源管理基础，对人力资源管理的改革不断深化。第四阶段称为全面发展阶段。在全面发展阶段，全面展开人力资源管理的改革，包括岗位制定、收入分配、职业生涯规划等。中国高校的人力资源管理发展顺应了世界人力资源管理的发展潮流，从传统人事管理模式逐步过渡到现代人力资源管理模式，还出现了一些新的模式。

1. 教师聘用的方式日趋多元化

现代高校教师招聘已经形成双向选择的招聘模式。高校对应聘者更多的是注重对其综合素质的考核，例如毕业院校的情况、专业情况、科学研究成果情况等。而应聘者对高校也有一定的要求，比如福利待遇、教学氛围、地理位置等。高校对教师的聘用方式也越来越多样化，例如客座讲师、退休教授重聘、讲师兼职等形式。这些聘用方式在一定程度上打破了传统的高校教师选聘的观念，为教师选聘改革提供了新思路。

2. 建立动态的目标管理和绩效评估体系

随着高校人力资源管理的发展，各高校对学校的长远发展与教师个人的发展目标相结合越来越重视。如此一来，对高校教师工作情况的评价也趋向客观与公平，这能激发高校教师的工作积极性与工作热情，为学校发展做出更多的贡献。

3.人力资源由战术型向战略型转变

高校教师资源在高校资源中的作用越来越突出,成为高校发展的最重要资源。想要发挥教师在高校整体发展中作为主要资源的作用,需要加强人力资源管理者与高校教师之间的沟通与合作。人力资源管理者要不断提高自身的专业知识,从日常的行政事务中跳出,着眼于战略型人力资源管理。

4.不断加强竞争激励机制

竞争机制被引入很多高校的职称评定中。竞争机制的引进,能促进高校制定规范化的教学考核量化标准。公平的竞争机制不仅能有效提高高校教师的工作积极性,还能不断提高教师自身的教学和科研水平,进而推动高校快速发展。值得重视的是,对高校的教师不仅要注重精神方面的激励,还要给予充足的物质方面的激励,落实高水平人才的薪酬问题,为教师提供良好的实验和研究条件,保障其才华有足够的施展空间。

5.营造积极的组织氛围

高校人力资源管理部门要制定系统的教师职业生涯规划,定期对教师进行培训,为他们的晋升和发展创造有利的条件,保证其有发展的空间。这一系列的措施能增强教师对学校的认同感和归属感,对自身与学校的发展充满信心,在学校形成教师与教师、教师与管理层之间密切合作、共同努力的良好氛围。

第二节 高校人力资源管理的内涵与重要性

一、高校人力资源管理的内涵

通常高校人力资源是指在高等教育机构中的工作者,他们可以为高校教育工作做出突出贡献,能够对国家、社会产生帮助。这些人才包括高校中科教人员、管理人员、后勤人员以及离退休人员等。

高校人力资源管理是通过制定高校目标任务并结合科学的管理方法,遵循人才发展规律,对学校的在岗人员进行有目的的培训,合理规划和组织分配。高校人力资源需要做好本职工作,合理、有序地协调人力资源关系,将高效率、高回报作为人力资源管理的目标。

二、高校人力资源管理的重要性

随着社会经济、文化等各方面的发展,各行各业对人才的需求越来越大,人力资源的培育也在影响着社会各方面的发展,这是由于人力资源管理对于发掘人的潜在能力和推动经济发展具有不可替代的作用。现在经济发展基本是依靠知识增长和科技进步,人才和知识支撑着经济的增长。人力资源对当代经济发展的影响至关重要,因此,人力资源管理需要进一步加强,使其更加具有科学性、实践性。不同的时代需要不同的人才,但每个时代中的人才都具有重要作用。高校是培育优秀人才的重要基地。各高校每年都会有人才的输入与输出,其人力资源源源不断,非常丰富。因此,高校人力资源想要进一步升华,需要展现出自己的核心竞争优势。人力资源的整体水平代表着高校的发展水平和实力。

高校在经济增长过程中起到不可忽视的作用。它从创新源头出发,直接参与经济增长,将高校的综合科技力量作用于社会经济发展。区域高校和区域社会接轨,既可以建立校企合作的渠道以实现双赢,又可以推动经济和科技的快速发展。高校可以有计划、有目的地培养新一代的人才,根据社会需求培养专业性人才。高校教师有着较高的专业知识和文化素质,可以在教书育人过程中起到示范作用,为区域社会发展提供坚实的文化支撑。高校对高等教育体系的完善与发展具有关键作用,通过传授深层次的理论以及与社会实践之间的互联互动,为社会培育大量优秀的人才。因此高校对社会各方面的发展具有重要的战略作用,主要包括以下四个方面。

(一)高校是提高劳动者素质的重要基地

对于高校的教育,不论是学历教育还是非学历教育都承担着为国家的经济建设和社会发展培养人才的职责,高校的人力资源又承担着培养劳动者的主要责任,对其进行管理的质量就直接影响所培养的劳动者的素质。

(二)高校是经济发展的有效动力

高校作为人才的集结地,拥有大量的人力资源。丰富的人力资源是促进国家经济发展以及人才强国战略实现的动力与基础,是国家创新知识和人才储备的重要组成部分。在我国高校人力资源管理必须实行规格化、系统化的管理,建设一支结构合理、注重团队合作、勇于创新、高素质、高能力的人才资源队伍。各个高校只有做到严格的人力资源管理,才能够为国家经济发展做出突出贡献,为国家的进步提供可靠保障。在现今经济飞速发展的时代,高校的作用主要是为各个行业和经济发展提供人才,通过创新科学技术带动经济发展。

(三)高校是传承、更新和创造文化的主体

随着时代的发展,高校逐渐成为传承中国优秀传统文化、创新中华文化的主

体。每所高校都代表着本区域的文化教育产业形象,对所在区域的文化建设有重要影响。区域文化的延续和发展与高校人力资源管理密切相关,甚至部分高校能够对整个国家的发展造成一定的影响。

(四)高校自我发展与提升的需要

人才强国战略是我国的目标,在高校中的战略目标是打造"人才强校"。现阶段,中国的高校和世界一流大学相比较,有一定的差距,高校的教师队伍的素质和水平还有待提高。想要提高高校的整体实力,首先需要完善高校人力资源管理,增强教师的工作积极性,使教师队伍合理流动,建立健全的教师激励机制,建设一支整体素质和工作能力都处于高水平的教师队伍,以加强高校的整体实力,加快高校发展。

第三节 高校人力资源管理的职能与特性

一、高校人力资源管理的职能

现今国内大多数高校均设置有人力资源管理课程,而人力资源管理的职能是这一课程的重要讲解模块。虽然每个高校所采用的人力资源管理教材有所不同,对人力资源职能的介绍也存在差异,但是综合来看可以分成三类:第一,反映了不同阶段人力资源管理职能的侧重面有所不同;第二,反映了不同社会环境对处在其范围内的高校的不同要求;第三,反映了不同经济体制对人力资源的不同要求。以下主要探究五个职能:人力资源规划、招聘、绩效管理、培训与开发以及薪酬和福利。

(一)人力资源规划

高校是优秀人力资源的培育基地,校内的教师及其他管理人员均按照高校的发展规划制定各自的目标。任何工作的开展都需要进行相关规划,当然人力资源管理也需要进行人力资源的规划。高校人力资源的规划是从自身战略定位出发,逐步加强学科建设和学术梯队建设,从高校长远发展的角度出发,制订相对应的各个时期的人才队伍规划。人力资源规划对高校整体发展具有重要影响,是高校持续发展的重要基础,同时高校人力资源规划也有利于推进人力资源建设。

(二)人力资源招聘

为了达到高校的人力资源管理目标,通过一系列环节获得高校所需要的、符合工作要求的合格人员即是人力资源的招聘。招聘是人力资源管理中重要的组成部分,高校人力资源的招聘主要包括制定岗位需求、岗位聘任条件、岗位职责和考核目标。它是使高校充满生机活力的重要手段,高校人力资源要不断吸收新鲜血液,对高校发展有着重要的作用。

(三)人力资源的绩效管理

绩效管理是对人力资源管理过程的管理,通过对人力资源实行绩效管理,持续提升员工个人以及组织的绩效,在增加员工满足感与成就感的同时,也有助于组织目标的实现。

(四)人力资源的培训与开发

学校通过教书育人培育高素质人才,每所学校每年都会有人才的引进与输出,学生、学校管理者和组织等会随着时间发生一定的变化。对于高校,总是送走一批学生的同时又要迎接一批新生,生源的不断涌入也在推动着高校各方面的发展变化。而高校想要培育适应时代发展的优秀人才,必须采取实际行动,积极进行人力资源的开发与培训,同时也要在人力资源培训与开发方面加以改善和创新。

人力资源开发是有目的性地发掘、计划性地培养、不断完善人力资源的过程。它从人力资源投资的角度出发,借助国家制度、政策以及科学方法改善人力资源的培育和管理,在培养优秀资源的同时,激发人的内在潜能,进而提高人的综合能力,为经济和社会的发展做出贡献。

(五)人力资源的薪酬和福利

社会劳动形式大体可以分为脑力劳动与体力劳动两类。在高校从事各种工作的劳动者大多数属于脑力劳动,体力劳动相对较少。脑力劳动的劳动成果具有滞后性,因此在评估的时候较为复杂。对高校劳动者劳动成果的科学评估是高校人力资源管理中薪资方面的重要内容。

总之,高校人力资源管理的五个职能不是孤立的,某一职能的决策将会影响其他几个方面,它们是环环相扣的。

二、高校人力资源管理的特性

人力资源管理是高校管理中一个重要的环节,根据高校人力资源自身的特征，高校人力资源管理方式也应该随之变化。在当今社会不断变革和新时期人才市场竞争环境下，高校人力资源管理的概念和管理机制与以往不同，正在由传统的人力资源管理向人才管理方向发展。

高校人力资源管理是指以应用先进管理原则及对策，遵照高校发展战略，指引教师充分完成分内工作的管理形式，使教师的配合更为得当，学校的管理目标得以有效落实，人事关系更为协调，教学工作氛围更加和谐稳定，教师招聘、职位晋升、奖惩执行、教师培训等工作任务高效完成，凸显高校人力资源管理价值。基于此，为使高校人力资源管理工作更富成效，需对其管理特点进行探讨，并将相关管理特点作为高校人力资源管理体系优化发展的立足点，旨在提高高校人力资源管理质量。

（一）高校人力资源的激励性

基于高校教师优质性的特点，根据马斯洛需求理论，高校教师的精神追求和心理需求具有明显的特点。高校教师具有自己的独特精神追求，主要表现在两个方面：一是高校教师看重自己的劳动价值和成果是否被认可；二是高校教师会对自己的劳动成果进行评判，将挑战性工作看作实现自身价值的平台。这会使他们既有很强大的进取精神，又有认真的工作态度。

（二）高校人力资源的时效性

高校人力资源具有时效性。无论一位教师具有多高的学术水平和人才培养能力，也只是代表他在某时期具有很高的人力资本价值，并不能说明他能够一直保持很高的人力资本价值，其原因在于人力资源具有时效性。如果他停下继续深造的步伐，则他掌握的知识便不能再紧跟时代的发展，他的人力资本价值也就逐渐降低。但是人力资源也有可再生性的特点，在教师的人力资本降低后，只要改变自己，不断学习新的知识，做到与时俱进，也可以实现教师素质和能力的提升。

（三）高校人力资源的流动性

人力资源的载体是人，人力资本根据人的流动不断变化，因此流动性是人力资本和实物资本的重要差异之一。高校的人才流动是必然的现象，现今时代的竞争是人才的竞争，高校之间也在不断竞争。人才的竞争会产生合理的人才流动，有利于实现人才的最大价值，可以提高社会人力资源的再分配率。高校教师要选择适合自己的发展平台。

第二章　高校人力资源管理信息化服务建设

随着社会的发展,各领域对人才的苛求程度也逐渐增强,要保证高校能够培养出大量满足社会发展需求的优秀人才,高校人力资源管理具有至关重要的作用。本章重点分析和论述高校人力资源管理信息化、信息化促进人力资源管理系统能力升级、高校人力资源档案管理的信息化建设与安全管理。

第一节　高校人力资源管理信息化

要实现人力资源管理信息化,应该应用先进的信息技术创建信息化管理系统,有效提升管理工作的效率、质量,并且节省各方面支出,激发所有工作者积极参与,形成一个开放的新平台。除此之外,还要制定一套全面且完善的计划,目的是实现高校发展战略,全面提高高校科研与教学水平。应充分结合新媒体信息化技术,构建全新的高校人力资源管理信息系统。

高校人力资源管理信息化作为新时代高校管理人力资源的新模式,具有鲜明的时代化特征,其本质在于运用最新的信息技术,并融合管理思想与管理理念。在校园网基础上,结合高校人力资源信息,进一步传输、收集、加工、维护、存储、使用,形成高校人力资源管理信息化系统,从而实现与其他管理信息系统的信息共享、无缝衔接。

一、高校人力资源的管理

高校的社会职能是开展高层次教育,有庞大的科研力量和人才优势。因此,加强高校人力资源管理,具有十分重要的现实意义。此外,需要特别注意的是高校人力资源管理和企业人力资源管理之间的差异,并且要强调高校人力资源管理的独特性,实现精准发力,提高管理效率。

（一）高校人力资源的特性

高校人力资源管理的目的在于为教育事业的长远发展及社会发展提供专门的人才。高校人力资源的主要人员类别有:管理人员、高校教师、服务人员(也统称为"教职工")。因此,高校人力资源有以下特征。

1.高校人力资源的稀缺性较强

高校人力资源组成人员复杂,但主体是高校教师。高校教师必须具备专业知识,有较高的科学素养,经过学术训练,具有深厚的知识储备。由此可知,高校人力资源相比社会人力资源,具有鲜明的高知识水平特点。这样的人力资源就具有较高的稀缺性。

2.高校人力资源的主观能动性较强

高校教师队伍文化程度高,十分注重精神生活追求,注重自我人格的塑造,注重价值观的养成,所以他们具备很强的创新精神和创新意识,在进行科学研究和教学活动时,能够充分发挥自身的主观能动性。

3.高校人力资源的流动性较强

目前,市场竞争日益激烈,个人要实现利益最大化,难免要进行流动。由于高校人力资源具有鲜明的稀缺性,其流动性相对更强。

4.高校人力资源创造的劳动价值的复杂性较高且具有间接性

高校人力资源从事的劳动与其他行业相比,更为复杂。根据马克思主义政治经济学理论,高校人员所从事的劳动是复杂劳动。同时,高校人力资源作为教育行业的工作人员,他们的劳动转化为社会、经济价值,有明显的间接性。

(二)高校人力资源管理的特征

根据对高校人力资源特征的分析,将其所具有的特征进行总结,体现在以下几个方面。

(1)专业性。高校人力资源管理围绕"教育"展开,通过管理可提高教师团队分工协作效率、充分发挥各自专长,使各项教育管理工作更加细致,体现高校人力资源管理的专业性。

(2)全面性。高校人力资源管理工作面向每位教师,与本校发展战略相契合,能依据高校教育事业发展需求做出优化调整,凸显相关管理体系的全面性。从教师个人发展角度进行分析,高校人力资源管理贯穿教师全部职业生涯,高校人力资源管理体系极为全面。

(3)系统性。高校人力资源管理具备全面性特点,相关规章制度、管理理念等呈并列发展状态,使相关管理体系辐射面更广,高校人力资源管理系统性与全面性特点是相对的,并朝着纵深方向发展,犹如深盘地下的树根,每根根须都是深扎高校教师群体,关注本校教学实况、优化相关管理体系的基础,使高校人力资源管理更具发展性、一致性、配合性。

二、高校人力资源管理信息化建设的意义

在高校人力资源管理信息化建设过程中,信息化管理目标的实现不仅能够显著增强人力资源管理部门的质量和效果,而且能够为校级领导的决策提供最新的信息参考,从而制定更加合理的策略。

(一)提高人力资源管理的效率和水平

人力资源管理工作属于事务型工作,尽管其中大多数工作是重复性工作,会消耗人力资源管理者很高的时间成本,但是,这些重复性的事务是人力资源管理中至关重要的工作,关系到所有教职工。因此,人力资源管理信息化建设不仅可以帮助管理工作者摆脱复杂的工作,而且能够为他们节省大量时间成本,从而专注于其他研究型工作,并完成更具有挑战性的任务。除此之外,信息化管理还可以实现大量信息的即时性统计和分析,促进人力资源管理部门的发展。

(二)提供大量增值服务

高校创建的信息化管理系统可以为所有教职工创造附加条件,比如校园网和人力资源管理系统的有效融合,使得高校教职工能够在第一时间搜索到需要的人力资源信息,同时取消很多重复性的事务,为教职工减轻压力。此外,实现信息化管理还能够保证校级领导及时掌握最新的信息,如人才招聘计划的制订、人才测评方式的拟定以及增强绩效管理能力体系的建设等,这些都需要借鉴市场最新的发展信息。

(三)加强各部门之间团结协作

人力资源管理信息化建设能够促进部门内部成员之间的团结,实现各部门以及各成员之间的有效沟通,也就是实现信息资源的高度共享。人力资源部门通常选取 Excel 表格以及操作方便的数据库处理信息。尽管有些部门选取了应用能力较强的数据库,然而,各部门在职能方面具有明显的区别,以至于各部门涉及领域、信息内涵也具有显著差异。

人力资源管理工作的各方面都具有一定相关性,因此,人力资源管理部门应该做到信息资源共享,否则会产生很多重复性的劳动以及没有任何价值的劳动,还会出现因信息获取不足而造成决策不准确的现象。对此,信息化管理系统的形成,为人力资源管理部门内部不同科室处理信息提供了有利条件。其能实现人力信息资源共享,赋予信息资源全面性、即时性以及一致性等特征。

(四)实现人力资源信息的最大化利用

早期人力资源管理部门的信息通常都打印在纸上,不仅携带困难,而且无法完成信息的准确传输。由于人力资源管理信息化的建设,信息资源通过数字信号的形式实现传输,不论是信息资源的利用还是传输都更加方便。除此之外,结合不同的相关软件,不仅实现了信息资源分类、整理、统计以及研究,还实现了信息资源共享,从而使信息资源得以最大化的利用。

(五)人力资源管理信息是分配的基础

人力资源管理信息化建设成为实施校、院两级改革以及有效分配相关任务的前提条件。现阶段,大部分高校都相继展开校、院两级人力资源分配改革,打破了早期人力资源管理模式,将以往校级的集中任务分配到不同的二级学院。从某种程度分析,这明显降低了人力资源部门的工作压力以及强度。各二级学院肩负着信息资源获取和维护信息安全的重任。这大幅度提高校级人力资源部门的运行效率,也保证了人力资源信息的准确度。

三、高校人力资源管理信息化水平的提升措施

为了提高高校人力资源管理信息化质量和效果,可以采取以下四个措施。

1. 转变管理的理念

高校人力资源部门的核心任务是改变管理理念,并且引进先进的管理理念,在实践过程中,探索最新的、更高效的管理模式。高校人力资源部门应该从以往成就与荣誉中跳出,在新时期不仅要适应各种变化,还要时刻处理和解决工作中出现的新问题、新情况以及新矛盾。

高校人力资源部门需要采取主动探索精神,将新的管理理念应用到实践中,并创建新型人力资源信息化管理模式。高校人力资源部门所有工作者不仅是实施信息化管理的促进者,也是高校信息化建设的实施者。因此,要快速且有效完成人力资源管理信息化建设,其专业部门需要以身作则,完善自身体系及管理理念,学习相关理论知识和方式方法,加强对信息管理系统的宣传,保证人力资源管理信息化系统得以有效发展。

2. 加强人力资源管理信息化建设所需人才队伍的建设

人才作为信息化管理顺利实现的必要条件,也是促进信息管理系统良好运行的基本保障。信息化建设对各部门运行以及高校发展而言,具有至关重要的作用,既能够为各部门提供业务需求分析结论,还能完善各部门的管理模式。因此,高效人力资源部门应该调动所有职员积极加入整个建设过程中,从而培养大量用于建设信息化系统的优秀人才。

在开展高校人力资源管理信息化建设期间,人力资源部门的工作者对任务以及流程的掌握是最透彻的。因此,若这些工作者主动加入其中,便能够促进高校快速地完成信息化建设。他们不仅能提供清晰明确的业务需求分析,还能为改进工作流程提出意见。大多数工作者主动加入信息化建设过程中,既能够掌握信息化建设的整个流程和步骤,还能够学习先进的设计思路以及理念,尤其是信息管理系统的相关方法和技能,极大地促进该部门的工作者有针对性地增强自身管理能力以及维护信息的能力等。

3. 加强对人力资源管理信息化建设的重视程度

在高校人力资源管理信息化建设过程中,最基本的保障是高校领导的密切关注和重视。高校需要注意人力资源管理的信息化发展绝不是仅由专业部门负责,而是高校所有部门以及全体职工共有的责任和义务。高校人力资源管理信息化建设不仅需要花费很多资金以及劳动力,而且应该与学校各部门(如科研部门、网络部门等)形成良好的沟通及协调机制。

人力资源管理部门应该不断向高校领导普及信息化建设对促进高校发展以及增强管理能力所产生的积极影响,从而引起并增强高校领导对信息化建设的密切关注以及高度重视,同时获得高校领导的鼎力支持。对于人力资源管理信息化建设,应促使高校领导从整体层面发挥引领作用,帮助各部门之间建立良好稳定的合作关系,实现信息资源共享以及各部门团结协作,共同为人力资源管理信息化建设的完成发挥部门功能与价值。

4. 确保高校人力资源管理信息系统正常有序地运行

在高校人力资源管理信息系统创建过程中,研发工作者应该选取行之有效的技术手段,确保信息管理系统的高效率与高质量,防止出现编程方面的错误。除此之外,关于校园网络,无论是网络管理工作者还是人力资源信息管理系统工作者,都应该遵守并履行学校制定的安全制度和规则,为学生提供一个安全的网络环境,确保信息管理系统良好运行。

第二节　信息化背景下的人力资源管理系统

近年来,不同的新型信息技术逐渐被人们熟知,常见的新型技术有物联网、大数据以及人工智能等。随着这些新型信息技术的应用,高校人力资源管理的信息建设也将迎来全新时期,特别是在应用新型技术基础上的记载、知识探索以及分析预测等,将在人力资源信息化管理系统建设中发挥极其重要的推动作用。

一、基于云技术的人力资源信息安全与移动服务

云技术指通过广域网将各种硬件以及软件等资源进行有效整合,从而形成一种能够储存信息、处理信息以及共享信息的托管技术。云技术凭借着其显著优势,成为信息化发展的核心。其常见的特点有高容错率、超安全性、高可靠性等。

创建国家教育云服务模式,将已存在的各种资源进行有效整合,选取云计算技术,使形成的发展方式既能够有效配置资源,还能够优化服务模式,体现出明显的稳定性和节约资源等特征。对于全国范围内的学校以及教育机构,可以享受到存储、共享、安全认证以及辅助工具等服务,进而实现资源共享和信息化管理。

高校人员多,在职员工常常是几千人甚至上万人的规模,与人员相关的数据量大,且涉及薪资、身份证号、银行卡号等个人隐私信息。这些数据的安全保存极其重要,也就非常适合通过云服务器进行管理。相较于传统服务器,云服务器可自由配置中央处理器(CPU)、内存、带宽,可以针对业务变化,随时调整配置,拓展或缩减云服务器数量;能够自动排除故障,自动备份数据,数据持久性高,几秒内便可将数据快速迁移恢复,多级数据存储方式保障数据存储安全无忧;能够实现分钟级的响应速度,及时发现并有效抵御黑客攻击,远离病毒攻击和木马威胁,做到主账号与子账号权限细分管理,保障数据安全;云服务器无须投入人力维护硬件和网络设施,运维效率提高。

另外,云平台技术可以支持移动办公。通过开发相应的 E-HR(电子人力资源管理)系统手机端应用软件,为用户提供随时随地的快捷服务(本书后文采用"E-HR"系统)。用户登录后除了可以进行信息查询、修改、提交等基本工作外,还可以开发以下五个方面的服务内容:

第一,流程引导功能。这项功能被称为员工办理入职手续过程中的虚拟助手,能够为员工提供便利条件,创建新的员工档案,帮助员工回复基本的关于福利、保险以及人力资源政策等问题。当系统不能自动回复问题时,可转人工处理。

第二,一键呼叫功能。绑定服务电话,教职工单击按钮即可直接拨打相应的电话,如高层次人才中心、薪酬福利室等,可以直接进行业务的办理和咨询。

第三,智能提醒功能。根据每一位教职工需要办理业务的情况,E-HR 系统可通过 PC 端和移动终端同时发送提醒消息,智能提醒可以明显缓解工作人员的工作压力,提高服务的准确性和实时性。

第四,信息推送功能。可自由设置信息推送内容,并可直接推送至教职工手机页面。

第五,移动分享功能。可调用手机上现有的且支持分享功能的软件(如电子邮件、微信等),无须登录即可与人力资源业务工作相关的信息(如讲座、培训等活动)结合,进行分享转发。

二、基于大数据与人工智能技术的人力资源管理

人工智能是一门探索和理解人类智慧的学科,并尽可能地将这种理解在机器上实现,帮助人类解决各种各样的问题。随着技术的发展与成熟,人工智能已摆脱实验室的束缚,通过互联网平台对人们的生活和工作产生积极影响,如机器翻译、文字识别、人脸核验、客服机器人等已有了广泛的应用。可以将人工智能研究成果逐步引入人力资源领域,在信息采集、人才引育、智慧服务等方面承担大量原来需要人力完成的工作,将人力资源部门工作人员从简单、重复的劳动中解放出来,让人力资源部门专注于人才的培育和培养,以及人力资源的战略研究。

(一)数据的采集与安全

1. 数据的采集

各类数据和信息是 E-HR 系统的重要基础。一个人的完整信息有各种各样的字段,主要包括姓名、性别、年龄、民族、证件类型、身份证号码、护照号码、所在校区、入校时间、毕业院校、所学专业、籍贯、出生地、户口所在地、最高学历、单位名称、部门、岗位名称、职工号、参加工作时间、工龄、婚姻状况等。这些信息一般都是由教职工自行录入,不仅耗费时间,且录入的准确性有待核查,甚至有为了利益而故意误报个人信息的情况发生。

2. 数据的安全

利用语音文字识别、人脸识别、自然语言处理、视频分析与理解、人脸闸机、智能语音助助、图像审核等技术,可帮助人力资源部门收集人员基础信息,提升信息采集的准确率和工作效率。例如,学校可对拟入职人员进行学历真假的检验:人力资源部门工作人员根据应聘者提交的毕业证书的信息,登录学信系统,输入人员姓名和证件号进行查询。需要耗费大量的人力成本来完成此项工作。利用人工智能,仅需要应聘者将毕业证书传入系统中,系统就会自动进行图片识别,记录应聘者的姓名和证件号,自动链接学信系统网站查询、记录、存储结果,

并可将结果反馈到系统中,整个过程无须工作人员参与,省时省力。身份证、护照和银行卡是职工的重要信息,涉及工资的发放、保险的缴存等。利用人工智能,无须再输入数字,通过移动端的手机拍照即可传入系统,系统对身份证、银行卡进行文字识别,将身份证号、卡号存入系统。E-HR系统涉及大量个人的重要信息,尤其是移动终端的登录需要更加严格的安全措施。人脸识别为获得用户真实身份信息提供了安全性保障。

(二)人才的精准"引育"

大数据为人力资源管理提供由经验主义管理向科学化、精准化管理转变的技术支持。大数据作为决策的工具,对于数据的分析强调预测性,且在其技术支持下,职员、岗位、培训、薪酬、绩效以及激励等均能够以数据化的形式体现,并归纳形成量化数据,使人力资源管理更具专业化与高效性。

早期的人才招聘体系不够完善、标准、合理,带有个人主观色彩。招聘结果跟面试官有很大的关系,如果面试官的招聘经验丰富,识人能力好,可能会找到合适的人。但如果面试官招聘经验欠缺,或由于其他主观因素,就可能会错失合适的人才。通过人工智能可以避免此类问题。首先建立符合学校招聘需求的专用模型,对岗位进行科学划分,例如教学科研岗位、管理岗位、技术服务岗位等。利用具有自主学习能力的功能机器人,深度学习业务知识并参与招聘工作。功能机器人参与招聘越多,积累的"经验"就越丰富,也越有针对性,推荐结果也就越客观、精确。出于应聘人的经验以及能力等各方面差异,智能机器人将会额外增加一些个性化问题。此外智能机器人提出的问题涉及知识面广,是任何面试人员都无法做到的。

再比如,针对高层次人才的挖掘和跟踪引进,利用 Incites 等分析平台,能够从多个层面有效分析世界上 5 000 多所机构,比如期刊、学科以及区域等层面的成果。在分析和探索 Web of Science 核心合集数据库中论文发表基础之上,能够有效研究和跟踪高产作者和潜力作者,尤其是在顶级期刊发表论文的作者。人力资源管理部门可根据学校的学科发展规划和人才需求,挖掘具有高影响力和高潜力的研究人员,直接锁定某一学科研究领域里的高水平学者,从而进行高效的精准引进。

第三节 高校人力资源档案管理的信息化建设与安全管理

进入 21 世纪以来,各高校的工作重心多为教育方向的开拓,而在自身的人力资源档案管理情形中,没有表现出过多的重视。此外在科技高速发展的同时,高校在人力资源档案管理工作上忽视了可持续发展的模式,从而影响了进步。

一、高校人力资源档案管理的信息化建设

(一)人力资源档案管理信息化的意义

培养人才是各高校的教育目标,而对人才的管理和人才培养主体的关心也是非常重要的。学校不仅是教育平台,也为很多人才提供工作岗位,因而对其师资和学生档案的管理不容忽视。在信息繁杂、档案众多的管理体系中,融入计算机和信息处理技术,能够提高整理效率,为高校的资源整合和人力资源安排都做出贡献。不仅如此,信息化能够突破时间和空间的局限,将通过纸质档案不能做到的工作更加高效、便捷地进行,为教育事业发展做出贡献。

(二)高校人力资源档案管理信息化发展的困境

1.人力资源档案管理松散导致体制不完善

顺应时代对各高校的要求,各高校对教育的重视度远远高于对人力资源档案管理信息化建设的重视。因而,在人力资源档案管理体制上许多管理部门处于松散状态,并且对管理内容也缺乏统一的规范制度,处于不完善状态。高校的人力资源招聘和档案管理工作是要有独立部门进行的,但在管理体制不完善的情况下,管理内容出现分散。这为人力资源档案管理的统一和发展制造了许多困难,信息化的建设就更无法实现。

2.档案管理人员水平的发展受到限制

在各大高校中,招聘原则以教育为主,因而,在对人力资源档案管理员的招聘和培训中,许多学校都忽视了专业人才的重要性。许多管理人员多是"半路出家"的教师或是技术人员,在人力资源档案管理方面缺乏经验,从而在人力资源档案管理系统方面,甚至是信息化的建设上,都存在许多不足。另外,高校的人力资源档案信息涉及学校的机密和教师的人身安全,在对人员的选择上不能降低标准,而是应当不断提升门槛,从而保证信息的安全性和系统的有效性,这样才能不断开拓高校信息化的建设道路。

3.信息化管理系统的建立存在困难

高校人力资源档案管理信息化建设,存在的困难并不止一方面。如从信息的收集和处理上看,高校是人才的汇聚地,每个人的工作经历和实际情况都不一样,在整理和收集上存在着很大的难度,从而影响了信息的真实性和整理的实效性。

(三)人力资源档案管理信息化建设的良策

1. 建立严格高效的档案管理体制

在教育型的高校中,许多人力资源档案信息管理被认为是不重要或无所谓的工作。这种想法极大地影响了高校对档案信息化建设的认知和工作的推进。在社会上,许多大型企业都不断进行人力资源档案管理,并且积极将其纳入信息化管理体系。高校作为社会的主要参与者和人才的培养摇篮,不能忽视这一工作的进行而是应迅速将其融入信息化管理的阵容。学校在建设人力资源档案管理信息系统中缺乏经验,可以积极借鉴社会上的著名企业在人力资源信息管理建设中的重要方向和思路,同时也要寻求学校自身的特殊性。教师与市场人才之间具有共同特点,但也有灵活性,因而不能一概而论,应建立严格高效的档案管理体系,以为高校的发展奠定信息基础。

2. 提高档案管理人员的专业技能

人力资源档案信息化管理是人力资源档案管理的发展趋势,在这方面学校应当顺应趋势、积极创新。在人力资源档案信息化管理人员的招聘和培训方面,应当按照专业的档案培训方式进行。学校要定期组织人力资源档案管理人员考核,不断推动人员进行自身创新,提升自身能力,适应档案管理的专业需求。同时,在人员的技术操作方面,相关人员应当掌握并熟知计算机的程序操作和信息管理技能,高校也要对其进行技术防护和网络安全等方面的教育,不断提升技术人员对人力资源档案信息管理系统的修复和升级能力,为信息的安全管理和网络病毒检测奠定基础。在人员的身份识别方面也要进行考虑,应当对人力资源管理人员进行身份鉴定,对进入系统的访客进行信息登录,以促进系统的高效进行。

3. 创新档案信息化管理系统

人力资源档案管理信息化建设,是适应现阶段市场发展和科技水平提高的要求。在人力资源档案管理信息化建设上,高校不能忽视市场和科技的影响。因此,从根本上高校要改善对信息化管理系统的不重视态度,应当积极适应档案信息的重要意义,并且突破传统的管理模式。若在资金方面存在难度,可以向国家寻求帮助,国家对教育和科技的鼓励有很多优惠政策,在这些政策下积极进行管理系统的探寻,在资金方面获取银行、地方政府的支持和补贴,这些是系统建设的前提。

总之,高校虽是教育的摇篮,但是在人力资源档案管理的各方面,却落后于社会的发展水平。因此在突破原有的人力资源档案管理方式的基础上,高校要在系统建设和系统防护上进行提升,在对人才招揽的同时,对人才的信息和发展都有所管理,从而实现我国高校的全面的、现代化的发展。

二、高校人力资源档案管理的信息化安全管理

(一)人力资源档案信息化管理的重要性

随着社会进步以及信息技术的创新,人们的生活方式也出现改变。在人力资源、档案管理流程和任务中,采用信息化管理方式能够提高工作质量,符合时代发展特点。信息化管理方式的应用可以实现资源合理分配,提高人力资源档案管理工作质量,提高事业单位工作效率。人力资源管理中的档案管理工作十分重要,其能够为事业单位发展提供人才保障,保证事业单位顺利发展。将信息技术应用其中,符合现代经济市场对事业单位发展的要求,能促进事业单位人力资源档案管理工作的发展。在信息化管理工作中,可以发挥信息技术的优势,形成健全的管理机制,提高人力资源档案管理使用率,优化工作流程,提高事业单位的经济效益。

(二)高校人力资源档案安全管理的现状

人力资源档案的重要性不仅体现在职务晋升、职称评审、退休工资核定等方面,在遗产继承、房屋产权公正等方面也具有不可或缺的功能。所以,随着人力资源档案的利用率提高,其也受到人们越来越高的重视,高校档案安全管理工作也在不断改善中。

1. 档案安全管理的重视程度不够

目前,大多数高校为了进一步发展,将学校主要力量都集中在人才引进、师资培养、基础设施扩建等方面,对无收益的档案管理工作关注相对较少,干部人力资源档案管理工作发展缓慢。档案管理人员以及分管领导等跟不上档案信息化发展的步伐,对新理念理解不透彻,仍然采用旧思想、旧方法管理档案,只注重纸质档案,忽视电子档案,只注重实体管理,忽视软件技术。此外,档案安全管理制度不健全等都加大了档案安全管理的风险。

2. 档案安全管理专业实力不硬

档案管理工作是一项专业性很强的技术工作,具有长期性、系统性的特点。随着信息技术的发展,不仅对档案管理人员的思想素质、业务素质有较高的要求,而且对信息技术掌握、软件操作能力的要求也越来越高。但目前,大部分人对档案管理工作存在误解,仍认为档案管理工作无需专业技能、无需专业技术、

无须参加培训,导致很多从事档案工作的人员综合素质与岗位不相适应,有些甚至是兼职人员在进行档案工作。档案管理人员信息技术水平偏低、对档案的安全管理意识淡薄、人员的流动性高等影响了档案工作的持续稳定发展,使其产生滞后性,无法适应新形势,提高了档案安全管理的风险。

3.档案安全管理硬件投入不足

随着信息技术的发展,档案管理工作的方向一定会发生转变,即从实体管理转变为信息管理和实体管理相融合。部分高校还未成立专门的档案馆,档案室库房就在办公室楼里,没有齐全的防火、防霉、防盗设备,有的甚至没有配备最基本的恒温、抽湿系统,更不用说配备档案信息化管理系统。经费的投入影响着基础设施的完整性以及信息化程度,从而影响纸质档案的保存,而且容易造成电子档案泄露,以致无法有效应对突发事件。随着时代的发展,档案管理工作至关重要,要想把实体档案与电子档案都做好,就必须加大对档案安全管理的硬件投入。

(三)人力资源档案信息化管理工作开展的策略

1.完善管理制度

在人力资源档案信息化管理工作建设中,应完善管理制度,为信息化管理工作提供保障。通过对管理工作的完善与规范,可以促进信息化管理工作开展,提高人力资源管理工作水平,保证信息安全。成立专门的管理部门,创新管理理念,对人力资源档案信息化管理工作进行监督管理,从而确保工作顺利展开。人力资源档案信息化管理部门的建立,可以提高管理质量,将复杂的工作内容简单化,体现人力资源档案信息管理工作的价值。此外,对档案使用制度进行完善,引导工作人员根据规章制度流程使用档案资料,避免出现档案信息流失问题。人力资源管理部门建立人力资源档案数据库,将事业单位人员信息全部录入其中,这样可以实现资源共享,发挥人力资源档案信息化管理的最大价值。通过管理制度的建立,提高人力资源档案使用率,有利于人力资源档案信息化建设发展。

2.健全档案管理流程

在"互联网+"背景下,对于人力资源档案信息化管理工作,应将科学的管理方式与方法应用其中,以此保证管理工作的科学性与合理性。通过有效的管理工作,可以提高工作质量,促进事业单位健康发展。首先,加强对工作人员的管理。在人力资源档案信息化管理工作中,管理人员的工作理念与操作方法对工作开展具有很大影响。因此,应对工作人员工作流程与操作过程严格管理,以此提高其工作意识,保证信息化管理工作开展。其次,加强对管理工作的重视。传统人力资源档案管理工作中存在一些问题,导致工作人员工作积极性与工作热情不高。为了促进人力资源档案信息化管理工作开展,应结合时代发展特点,宣传人力资源档案管理工作的重要性,使工作人员从思想上认识到管理工作的价值。

3. 加大资金投入

人力资源档案信息化管理工作离不开资金的支持。在人力资源档案信息化建设中,需要投入更多资金,从而确保人力资源管理工作顺利实施。通过资金投入,加强基础设施的建设,优化人力资源档案信息化设备,推动信息化建设。在人力资源档案信息化管理工作中,加强对信息化建设制度的管理,保证信息资源合理分配,提高信息化管理质量,重视信息安全问题,建立安全保护机制,避免出现信息泄漏问题。在信息化建设工作中,若无法一次性投入大量资金,可以投入部分资金用作设备的维修与完善,替换落后的信息化设备,避免信息安全问题出现。在资金使用的过程中,应明确信息化建设内容,提高资金使用率,防止出现资金浪费现象。

4. 建立档案数据库

在档案信息化管理工作中,建立数据库,将人力资源档案信息以数字化的方式呈现出来,为工作人员工作提供便利。首先,建立独立数据库,根据纸质信息内容,完善数据库内容,将纸质信息转移到计算机中独立保存,以此保证信息安全。在建立数据库的过程中,应保证信息有效性,不要出现遗漏现象。其次,建立独立操作模块。在事业单位内部网站中建立独立的模块,将人力资源档案管理内容呈现出来,为工作人员操作提供便利。此外,在建立操作模块时,应建立安全保障机制,工作人员须输入专有账号才可以使用。通过数据库的建立,避免因为保存不当出现信息丢失的问题,从而提高信息化管理工作的质量与效果。

5. 提高管理人员专业素质

在信息化管理工作中,应重视管理人员专业素质的提升,使其符合信息化管理工作要求,并在实际工作中发挥自身优势,提高工作质量。首先,组织培训活动。将信息化管理内容、流程、操作要领等作为培训内容,使管理人员学习先进的工作理念与技能技巧,以此推动工作开展。其次,丰富招聘渠道。人力资源档案信息化管理工作是人力资源工作的重要组成部分,应根据工作要求,确定招聘要求,提高职位待遇,以此吸引专业人员参与管理工作,进而提高工作质量。最后,建立一支专业的队伍。通过专业人才队伍的建立,提高整体工作质量与工作效果,保证管理工作顺利开展。在实际工作中,应采取多种人才培养手段,提高管理人员专业素质,促进管理工作开展。

总之,在人力资源档案信息化管理中,应及时发现管理中的问题,同时按照相对应的管理措施,将信息化管理的优势、特点充分展现出来,进而推动管理工作的开展。

(四)高校干部人力资源档案安全的影响因素

1. 档案自身方面的因素

档案自身方面的因素指的是影响档案实体以及电子档案的安全隐患。随着保存年限的拉长很多档案中以前用铅笔、圆珠笔、蓝水笔等填写的字迹变得模糊不清,很难辨认,而且纸质档案除了很难完整无缺地保存之外,在使用时也极易出现破损情况,这些因素都容易造成档案损失。电子档案对软件和硬件方面的要求比较高,它不是一成不变的,而是需要与时俱进,更新换代,而大部分高校档案部门并未形成规模化发展。因此,电子档案的安全隐患体现在两方面:第一,电子档案的收集以及后期整理过程中易造成遗漏或缺失,甚至信息录入到软件系统也不能保证信息的准确率达到100%;第二,电子档案的保存存在泄露及丢失的风险。

2. 外部环境方面的因素

外部环境因素主要包括两个,即自然环境和基础设施环境。自然环境主要指一些无法抵抗和改变的因素,这些无法预测且不可抗拒的因素,都严重威胁着档案安全。基础设施环境包括存储档案的库房及库房的设备配置,档案室库房屋顶的防雨雪性能,库房墙壁的坚固性、隔热性以及防尘性,等等。其中,一些重要设备,如防火报警器及灭火器、监控录像设备、消毒灭菌设备等的配置都会对档案的安全造成影响。

3. 管理制度方面的因素

健全的制度是档案标准化管理的基石,档案标准化管理是档案安全的根本保证。经过多年发展,中国档案事业已逐渐成熟,各种档案法律法规、规章制度以及操作规范等都趋于完善,但关于档案安全方面的法律法规却比较少,电子档案的安全管理制度更是缺乏。

(五)加强高校人力资源档案安全管理的对策

高校档案安全管理工作是一项全局性的长期工作。在档案发展的不同时期,其安全性受到很多因素的影响。

1. 规范档案信息

人力资源档案工作分为日常管理工作和利用工作。档案的利用工作通常是指人力资源档案的查阅或借阅、干部人力资源档案审核、档案信息研究等工作。档案的借阅服务必须有合理的理由并提出申请，由档案管理部门提供相应的档案。面对任何档案利用服务，管理人员都需严格审核证明材料、查借阅权限、查借阅原因，审核通过后才可以提供查借阅服务。若查阅电子档案，则需在规定的内网中使用指定的计算机开展查阅工作；严把账号管理关卡，避免非授权访问；严禁使用外来存储介质，禁止办公存储介质外带；严禁私人电脑接入内网。

2. 加强档案信息网络安全

档案信息化指将大量档案信息输入并保存至档案系统中，因此必须加强网络安全管理，保证档案安全，严防非法截取。首先，对电子化档案信息进行保密性处理。可以采取不同的方式进行保密工作，比如通信加密、脱机存储加密以及联机加密等。其次，加强病毒防治。在电脑上安装与档案信息软件相适应的防毒、杀毒等工具。最后，加大投入。在人员方面，支持档案管理人员参加培训，提升档案信息处理能力；在硬件方面，支持档案管理部门形成规模化发展，定期更新计算机软硬件设施。

3. 提升档案管理人员素质

档案工作人员是档案的守护者，也是档案安全的第一责任人，既要保障档案实体安全，又要保障电子档案安全。因此，档案工作人员首先要具备正确的安全观，坚守档案安全工作生命线，加强保密意识，执行保密制度。另外，高校档案管理者还需提升自身信息化水平，定期参加培训来更新理论知识，提高技术水平。与其他学科交叉学习，夯实专业基础，提高沟通能力及科研能力，向档案管理综合化人才方向发展，将高校纸质版档案和电子版档案进行充分融合。

4. 电子档案异地异质备份

网络安全技术的发展以及电子政务的普及应用，使得电子档案异地异质备份成为必要手段。鉴于各类突发性自然灾害以及人为灾难的发生对档案的破坏及损害具有不可逆转性，同时，国家安全工作会议也提出了为提升档案系统抵御风险能力，应重视档案异地异质备份，因此，各地档案管理部门应根据自身的财力、人力、物力及档案卷数等，选择最适宜的方式加快实施电子档案异地异质备份工作的步伐，确保电子档案的安全。

5. 建立健全档案安全管理体系

档案安全管理体系是促进档案管理工作有效发展的基础条件，因而应该制定符合其要求的制度,完善信息安全保障体系,包含网络和设备安全、系统和数据库安全、信息和信息介质安全。不仅要创建信息安全体系,还应该尽快实施责任体系、运维体系以及应急体系,实现档案的安全管理。干部人力资源档案是高校选聘人才、提拔干部、监督干部等工作的重要基础,是维护干部人才合法权益的重要依据,是个人、单位乃至国家的重要资源。高校干部人力资源档案详细地记录了干部的成长经历,具有唯一性及真实性,同时具有长期保存的价值,非常珍贵。档案信息化建设是国家重点工作,档案信息化也让档案安全面临更多的挑战,档案管理人员应时刻保持安全意识,积极学习新知识、掌握新技术、更新管理理念、紧抓细节、紧跟信息化发展步伐,从而确保档案的安全。

第三章 新时期高校人力资源培训与开发

随着社会的进步和科技的发展,我国在经济方面取得了很大的进步。而国家经济增长和社会进步的一个重要因素就是人力资源的开发和培训。高校作为人才培训与开发的基地,高校的人力资源培训和开发的有效性对于国家的未来有着十分重要的意义[1]。高校人力资源的培训和开发本身就是一个复杂的体系,涉及校内外的各种环境因素和思想因素。本章主要从高校教学人员以及管理人员的培训与开发两个方面来讨论高校人力资源的培训与开发。

第一节 高校人力资源培训与开发概述

培训与开发是高校人力资源管理的重要环节之一,高校进行人力资源的培训与开发具有重要的现实意义,本节主要从高校人力资源培训与开发的重要性、培训与开发的原则及培训与开发的主要环节等方面来讲述区域高校人力资源的培训与开发。

一、高校人力资源培训与开发的重要性

培训(training)是使人获得有助于实现组织目标能力的过程,主要是根据岗位需求对劳动者进行相应的培训,主要目的是使一般水平的人通过培训以适应相应的岗位需求。高校人力资源培训的目的是使受训对象获得目前工作所需要的知识和能力。比如通过示范,教一名年轻教师如何上好一节课,或教一名管理人员如何计划、组织、配备、指导、控制,从而有效地管理日常工作,这些都是培训。开发(development)可以看成是提高当前工作所需能力之外的能力,它反映了提高员工处理各类任务的能力的一切努力。开发对组织和个人均有益。然而高校人力资源的开发是针对校园教师的开发,采取比较有效的手段对具有岗位需求能力的职员进行能力的挖掘,从而提高职员的整体素质。人力资源的开发要保证职员能力得到最大化利用,实现人力资源质量的提升和资源结构的优化,使高校获得更好的经济效益和社会效益。

---

[1] 肖浪涛,夏石头.多维协同人才培养模式案例及分析[M].长沙:湖南科学技术出版社,2018.

对于企业来说,在全球竞争的时代,人力资源的质量已成为组织成功的有效筹码,培训和开发人力资源成为人力资源部门的重要职能与任务。一般比较优秀的组织都有自己的一套培训机制,因为在以人为本的组织里提高员工的素质,使之能更好地适应工作需要是十分重要的,员工一般会十分看重组织的培训,经过培训的员工身价会大大增加。

在高校,培训能有计划地帮助学校的新教职工(包括教师、管理人员、后勤工作者等)或已有教职工进行学习、操练和开发,使其在知识、技能及完成某些特殊工作方面有所提高。培训与开发的意义在于帮助教职工掌握一般技能,提高教职工的工作积极性并开发创造力,最终提升学校的竞争力与优势。培训与开发可以视作一种从更广泛的意义上的创造智力资本的途径。智力资本包括完成工作的基本技能、与人共享知识和技能及信息沟通能力,在工作运作中的理解和创意及拓展。所以,培训与开发对于个体来讲是一种提升,是一种开发,可以有效挖掘个体的潜在能力,对学校来讲也是一种提升,对提高学校的声誉以及学校的竞争力有很大帮助。

二、高校人力资源培训与开发的原则

(一)从事实出发,以自然顺应为原则进行人力资源的培训

针对人力资源的开发和培训首先应该以组织日常管理的实际现象为立足点,着眼于被开发者日常的所见所闻中的实际现象,对待被开发者的培训应该顺其自然,使他们自然而然地掌握培训知识[①]。

这一原则的实用性应该在人力资源开发和培训的初始阶段。这个初级阶段就是在培训和开发最初一些理念和技能的形成阶段,比较常见的就是高层领导对新入职的教师观念灌输。

这一原则来源于夸美纽斯的大教学论,其已发展成为教育的依据。在夸美纽斯教育理论中最重要的是教育思想的顺其自然。所以,对于人力资源的培训和开发的法则需要从自然中获得,必须顺应自然。自然法则是由易到难的,培训也是如此。自然中的事情都是不需要强迫的,如鸟出笼、水往下流都是自然而然,培训和教学也需要顺应自然,在自然中激发被开发者的求知欲望。

(二)从培养兴趣入手,系统化地进行人力资源的培训与开发

这一原则认为,在人力资源的培训与开发过程中,我们必须注意培养被培训

---

① 姜丹.高校人力资源开发与管理[M].长春:吉林人民出版社,2017.

开发者的相关兴趣,引起他们对开发对象的注意,并围绕应掌握的某一知识、技能与品德行为,建立相对完整的培训与开发系统。

这一原则适合于人力资源开发过程中的任何阶段,适合于人力资源培训与开发的任何客体与对象。

这一原则源于赫尔巴特的教育思想,其也成为教育学理论依据。赫尔巴特认为,只有能够让人感觉津津有味的东西,才能在学习中迅速地掌握。在进行人力资源的培训时应该将原来和培训知识相关的东西隔离开来,让被培训或开发者能够更加清晰地认识所需要的知识。让知识在关系中联系又分类,是为打破原有旧的关系体系,从中寻找新的定义和规律。

(三)在活动与疑问中进行人力资源的培训与开发

这个原则主要向我们说明人力资源的过程是个实践过程,既然是实践,开发者自然不能仅仅依靠书本知识,要想办法实现将教材知识变成实际能力。在人力资源开发和培训的实践中要意识到知识和技能是不能够学完的,是无穷尽的。主要需要在培训中养成良好的思维习惯,并在实际中具有创造性的思维应用,单纯的知识和技能累积达不到开发的目的。

这个原则对于技能和智力的开发实用性较强。这个开发原则来源于杜威的教育思想。杜威认为,思维的来源是疑难,疑难来源于实践,实践促进思维的产生。萧鸣政在其所著的书中提出了依据该理论进行培训与开发的基本步骤[①]:第一,要安排一个对被开发者比较有吸引力的活动,让被开发者处于一种十分有利的经验的情境;第二,安排一个比较真实的问题在情境内部,以便刺激被开发者的思维;第三,提前安排被开发者储备知识,以便解决后来遭遇的难题;第四,要敦促被开发者积极地解决问题,负起责任;第五,制造机会,对被开发者的思维进行实际检验。

(四)以"最近发展区"为依据进行人力资源的培训与开发,以开发促发展

这一原则认为,在现有的知识经验背景指导下,知识和经验的形成速度比较慢,不适应现在信息化急速发展的社会资源开发。此原则倾向于比较利用先进手段解决问题的水平和独立解决问题水平间的差异,综合最好的开发模式,以此获得培训和开发对象的最大发展。

这一原则适应于技能开发、能力开发与思想品德的开发。这一原则的教育依据,是赞可夫的教育思想,他认为教学要走在学生发展的前头。他的理论同样

---

① 萧鸣政,中国人才研究会.领导人才评价与配置[M].北京:党建读物出版社,2015.

可以引申到人力资源的培训与开发中。

(五)通过典型案例进行人力资源的培训与开发

这个原则认为,知识取之不尽,用之不竭,但总有小部分知识作为关键力量推动事物的发展,甚至可以说80%的知识需要20%的精华来支撑。从人力资源的角度上来看,我们精选的本质因素和基础因素就是人力资源中的典型,这些典型因素是资源培训和开发需要掌握的重点,一旦掌握,就会达到事半功倍的效果。所以,在进行人力资源的培训与开发的过程中,应该去粗取精、去伪存真,保证留下最有效的东西。对知识的选取要坚持由表及里、推此及彼的原则;人力资源开发和培训要保持最真的本色,找到关键因素,联系实际,帮助开发和培训的对象正确、全面地认识知识和技能。要充分地利用案例的引导和基础性作用,在培训和开发的时候最大限度发挥它们的应用价值。

三、高校人力资源培训与开发的主要环节

高校管理人员的培训与开发与企业内部员工的培训与开发一样,包括培训与开发的需求分析、培训与开发的目标确定等几个大致的步骤,可以通过图3-1表示。

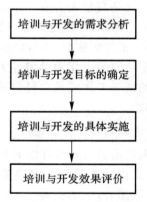

图3-1 人力资源培训与开发的步骤

(一)人力资源培训与开发的准备阶段

高校人力资源培训与开发的准备阶段在基本程序上与一般的人力资源培训与开发无异,也是由培训与开发的需求分析和培训与开发目标的确立两个方面构成,但所需准备的内容则与高校的实际情况紧密相连。一是分析高校人力资源的培训与开发需求。在人力资源培训和开发工作前,要对本单位人才数量、质量及结构等基本情况进行深入调查,同时要结合本单位的实际现状和近年的发展要求对人才资源进行调查和统计,结合统计结果,制定符合高校的发展规划及人才预测机制。这些都是为了确保人力资源的培训和开发能够有坚实、可靠的基础。二是对于高校人力资源培训和开发目标的明确。人力资源培训和开发总目标的确定,需要满足高校人力资源职业素养和时代发展的需求。高校人力资源应该具有良好的文化素养,并且有奉献和敬业精神,在理论和实践中教育能力和研究能力不断发展而形成教育智慧。因此,高校人力资源培训与开发的总体目标,既要保证高校人力资源对专业性知识和技能的掌握,还要提高他们对社会的理解,从而对自身实践进行思考,强化竞争和合作的意识。高校人力资源培训与开发的具体目标如下:进一步加强高校人力资源培训工作的制度化和法制化建设,完善高校人力资源培训与开发工作的组织管理体系;全面提高教师专业素质和学历、学位层次;重点培养一批中青年骨干教师和学科带头人;提高学校管理人员及后勤服务人员的能力和素质。

(二)人力资源培训与开发的实施阶段

在这个阶段,对于高校人力资源培训与开发计划的制订,应考虑的是如何使培训与开发的内容学以致用,这是高校人力资源培训与开发工作的灵魂。人力资源参加培训,除了补充岗位所需知识外,更需要开发自身潜力,实现学以致用。在高校人力资源的培训与开发工作实施中,注重培养他们的职业道德,强化专业知识及开拓创新思维,这对于他们的工作和学习能力的提升有很大的帮助。同时,也要把追踪国内外高校的最新工作成果和科学研究动态作为高校人力资源培训与开发工作的重要内容。

1. 注重选择高校人力资源培训与开发的途径

一般来说,高校人力资源的培训与开发有以下几种途径:

(1)学历教育。在高校,无论是教育人员,还是管理人员和服务人员,都面临着提高学历的问题。因为一般而言,学历提高了,教职工的技能也随之提高,教育、教学、管理和服务也就会协调发展,所以,学历教育开发途径将会在高校长期存在并发挥积极作用。

(2)任职培训。任职培训主要指针对高校聘用的新员工实行的短期培训。短期培训的主要目的在于帮助他们更快地适应新岗位。如教师岗前培训、干部任职培训等都属于任职培训。

(3)在职培训。在职培训的对象多是在职任教的教员,这是聘任培训后的一种培训,丰富在职员工的专业知识和提高其教学能力是在职培训的主要目的。

在职培训就是我们常说的"充电"。根据人员个性和工作性质进行分类培训,便于适应高校的各种变化要求,例如参加学术讨论会和国内外访问等。

2.注意高校人力资源培训与开发方法的选择

一般来说,人力资源培训与开发的方法很多,但是在实际选择中要根据高校人力资源管理的特殊性进行选择。在高校人力资源的培训和开发中,比较合适的方法如下:

(1)反思式教学。高校人力资源培训与开发工作开展的主要目的就是对相关人员进行分类培训后,使他们更加适应现代社会且具有反思批判精神。所以,在培训过程中,要积极地引导培训对象对观念、资料、现象及行为等作出自己的判断,并要提出相应的改革措施。培训中对培训对象的思想和实践都要进行培训,并且要时刻对培训对象进行考察,要求进行知识回顾和总结,使他们在不断的知识总结中改进思想观念和实践办法。①

(2)研讨式教学。作为高层次知识分子,参加培训的高校人力资源更热衷于彼此间的平等性互动学习。这些高层次人员在实践经验和专业知识方面都有自己的认识,彼此间进行工作分享和经验交流是十分必要的,而且在一般情况下,进行知识交流后,会得出更高层次的知识结论,成为工作的资源进行分享。在高校人力资源培训中,培训的角色扮演十分重要,要成为引导者和激发者,而不是灌输者和控制者。

(3)针对式教学。在教学活动中,"因材施教"始终是个重要的原则,有着重要的实践价值。所谓"因材施教",一是针对培训层次的设置,不同的培训要使用不一样的培训方法,一般层次的培训可以课堂授课和谈论为主,自学和辅导为辅;对高层次的培训来说,要以课题研究为主,总结和考察为辅。二是针对受训人员的薄弱环节,可以采用专题讲座和短期辅导的形式。

就培训方法而言,培训可以结合现代科技手段实施。

(1)课堂讲座。课堂讲座是建立在专、广、深基础上的综合培训与开发的方案,是一种最为常见、迅速简便的方法,一般成本比较低,可用大量、集中的时间向成批的教职工提供信息,包括最新知识动态、工作理念及有关专业理论等。

(2)视听技术运用。运用感性的现代化的手段,如电影、电视、录像带、录音带、投影和幻灯等多媒体技术,特点是清晰度高,有吸引力,也不会因个人兴趣而影响培训效果,能提高授课的生动性、灵活性和现代性,也便于理解和记忆。这种方式适用于培训人员偏多的情况。

(3)网络教学。使用因特网和局域网进行信息传递,并通过浏览器的培训方

---

① 姜丹.高校人力资源开发与管理[M].长春:吉林人民出版社,2017.

法,其特点是方便、节省、交互,效率和可控性提高,同时也具有模拟的虚拟的情景,使培训材料新颖、真实、感性,也可以提供实际案例分析,提高实用性。

(4)案例学习。通过对相关的事例进行分析、比较、判断、推理和综合评价得出有效的结论,一般要求培训者具有知识基础和分析水平。因为案例的多样性和真实性,能开发个体的创意。

(5)观摩范例。通过观摩其他人的工作来进行学习。这种方法主要适合刚到学校教学的毕业生,通过一段时间教学见习,对明确上课的主要环节、熟悉课堂、了解学生有很大的帮助。

3.注重对高校人力资源培训与开发的资金投入

所谓高校人力资源的投资主要是指在培训和开发中,对教职工智力和体力的保护和开发的投资。通过对人力资源的培训和教育,在保护教职工智力和体力的同时,又进行了智力和体力的开发;人力资源培训不仅使教职工个体的需要得到满足,同时也能调动教职工对工作的热情和积极性。人力资源开发投资阶段需要立足全局,安排合适的开发管理人员和服务人员,要坚持整体发展的观点,对教学人员、管理人员和服务人员同时期进行开发,避免出现"跛腿"的现象。当然,人力资源开发要以教学人员为主体,管理人员和服务人员为客体的原则,从而整体上提高教职工的能力。

(三)人力资源培训与开发的评估阶段

高校人力资源培训与开发效果的评估是培训开发过程中的重要环节,是指在培训之后,高校人力资源管理部门运用科学的理论、方法和程序对高校人力资源培训主体、培训过程及实际效果进行系统的考察,把高校人力资源培训的效果用定性或者定量的方式表示出来。关于人力资源培训工作的评估,要从各方面进行检测和考评,在培训工作的质量上有着重大的作用。

高校人力资源培训评估的指标很多,比如教学计划制订、教学策略分析、学生进步分析、学员之间交流分析等等,涉及人力资源管理的各方面。除了常见指标,受训者的观念与培训目标是否一致也是评估的指标。高校人力资源的培训和开发的质量和标准的提高需要培训评估的不断推进。

高校人力资源培训和开发效果有四个层次:一是反应层。在培训结束后要积极考察受训人员的反应。二是学习层。就是受训人员在培训中对培训知识的掌握程度。三是行为层。培训结束后,查看教职工的行为变化,判断培训对实践工作的影响。四是结果层。对比培训前后,教职工在教学和研究等方面的业绩情况。

评估人员可以是培训专家、受训人员、学生及领导等,他们可以从不同角度进行培训评估；评估对象一般是培训的项目和对象，或培训过程中的各方面；评估方式可以是问卷、考核及探讨等；评估的范围可以涉及培训的前后及过程，可以对微观和宏观的结合性评论。评估的结果会影响下一次的培训改革，参考价值和指导意义都很大。

第二节　高校教学人员的培训与开发

高校的发展离不开教学人员，改革的实施也离不开教学人员，教学人员是改革中最关键的因素，因而做好以教学人员为主的高校人力资源的培训与开发是至关重要的。教学人员队伍素质建设是整个教学人员队伍建设的核心，它直接影响着高校的办学水平和教育质量。知识经济时代对教学人员提出了更高的要求，教学人员必须加强自身建设。为提高高等教育的办学质量和水平，教学人员的培训与开发是重中之重。

一、高校教学人员培训与开发工作的原则

（一）业务素质和思想素质的培训开发并重的原则

高校教学人员是学生的楷模，教学人员的思想政治会直接影响学生的思想品德发展，不能忽视。所以，在我国高校人力资源培训和开发的过程中，思想素质和业务能力贯穿培训和开发工作的始终。

（二）学历性培训和非学历性培训相结合的原则

对于教学人员质量和水平的提高，学历性培训的价值量很高。特别是教学人员学历较低的学校，应该更加注重培训开发中学历性的培训。非学历性的培训主要是为了适应高校的发展和教职工自身的需求，针对教学人员的知识结构进行相应的调整型培训。非学历性培训具有比较灵活的特点，培训时间多为一年或半年。

（三）培训开发过程中注重反馈和强化的原则

培训效果的反馈和强化在人力资源培训过程中也是十分重要的。反馈可以回顾知识和进行知识巩固，还能有效地纠正错误。信息反馈越准确、及时，培训效果就越好。强化是对受训人员的奖惩，这种强化应该在培训后一段时间后进行，例如对那些受训后工作效益有明显变化的教职工进行奖励。

(四)因材施教与有利于个人发展的原则

高校培训与开发的主要目的就是实现教职工工作能力的提高。然而,在实际的操作中,教师个体在知识背景、技术水平及个人兴趣方面都存在很大的差异。针对这些差异,最好的解决办法是有针对性地进行教职工培训与开发,也就是说对不同的人采用不同的教学培训方式。因此,在培训和开发工作进行时要保证培训总方向的稳定性,又要因人而异地制定个性化的培训方案。因材施教在教学培训和开发中的作用很大。

(五)理论与实践相统一的原则

俗话说,实践是检验真理的唯一标准。教学人员在实际工作中,对学生的知识理论和实践操作能力都要进行教授,帮助学生运用知识指导实践,用实践获取新知识。现代高校的人才培养要坚持理论与实践的统一性,因此,培训需要复合型的培训,理论和实践缺一不可。

二、高校教学人员培训与开发工作的重点

根据《中华人民共和国教师法》《中华人民共和国高等教育法》《教师资格条例》等法律法规要求以及教育部关于高校评估指标要求,高校应从以下几方面加强培养和培训工作。

(一)加强学历学位的培训工作

一些高校(特别是地市所属高校、专科学校及高等职业技术学院)与部属重点高校相比,师资相对较弱,存在着学历学位偏低、高级职称人数偏少、科研能力较弱、缺乏学科带头人等问题。如据对某省地方性高校22所本科院校的统计,研究生学历和硕士以上学位的比例占30%,离教育部的目标要求存在着较大差距。对于青年教师而言,攻读学位的过程是增长知识的过程,这个过程不仅能帮助青年教师提高教学水平和科研能力,对个人发展的职业成长也有着重要意义。值得注意的是,有些年轻的教学人员急功近利,想走捷径,不想通过努力考取硕士、博士,而只想参加一般的进修学习。但往往事与愿违,结果走了许多弯路,既影响了学校的师资队伍建设,又影响了自己的成长。因此,高校要采取相应措施,调动青年教师提高学位的积极性,并且给予获得学位的教师一定奖励。对于属于攻读年龄范围的中青年教学人员要限定时间促使其报考。

(二)加强各级学科带头人和骨干教学人员的培养工作

对高校骨干教师和学科领头人的培养是提升学校竞争力的重要方面,对学校的学术发展也十分有利。目前,我国地方性高校的骨干教师存在较大的缺口,优秀专业性教师的缺乏已经成为现代高校发展的阻碍因素。因此,要加大对骨干教师和学科领头人的培养力度。这就要求采取加大财力支持、增设相应岗位、实施校内分配倾斜等方式来给骨干教师和学科领头人的培训提供支撑。

(三)加强针对教学人员资格的相应培训工作

根据《中华人民共和国教师法》和《教师资格条例》的规定,担任高校教学工作,须具备高校教学人员的资格。获得高校教学人员的资格必须具备本科及以上学历、岗前培训成绩合格、普通话相应等级等方面的条件。随着高等教育的快速发展,区域高校招生量大幅度增长,为此学校补充和引进了大量的师资。在这些师资中,有少部分或未通过岗前培训,或因普通话未过关,或因其他原因,未具备教学人员的资格。此外,一些中专、中师学校并入高校,其教学人员也需要通过各种培训才能达到高校教学人员的资格要求。因此,加强针对教学人员资格的培训工作十分迫切。它是依法治教、依法执教的需要,是教育行政机构评估的需要,是教学人员提高教育教学能力与水平的需要,也是解决教学人员相关待遇问题的需要。学校要列出具体的培训计划,包括培训对象、课程、时间等。要采取必要的约束性措施,限定时间,要求教学人员获取高校教学人员的资格证书。

(四)加强出国培训和社会实践培训工作

在国家重大发展战略的驱动下,越来越多的高校将培养一支具有国际化视野的师资队伍作为加强人才队伍建设发展的重要途径之一。出国访学进修为教师提供了一个重要的提升科研能力的机会。教师在国外研修期间通过国外导师的指导,不仅可以接触国际上先进的科研平台,还可以通过与国外科研同行的交流互动,学习对方优秀的科研经验,进而有效凝聚自己的研究方向,将国外的前沿理论与国内的发展实际有机地融合在一起,提升科研能力。同时,教师通过到国外进行职业教育方面的相关学习,可以了解国外院校在高等教育、职业教育方面的先进理念,学习课程设计、教学组织形式、教学方式及标准,掌握实用课程的创新设计、教学组织和评估等技能。

学校通过开展教师出国研修访问项目不仅为教师个人与国外学者、科研工作者建立了良好的合作关系,也在学校与国外院校、科研机构间起到了桥梁的作用。一些高校通过定期选派教师赴国外进行短期进修,与对方建立了长期合作交流的关系,互派师生到对方学校访问交流。教师完成国外访学研修回国后对改善师资队伍结构、提高教师队伍整体素质以及对高校的教学、科研、管理等方面的工作产生了一定程度的影响。教师的英语水平和教学科研能力都可以得到显著提高,甚至能够获得参与国际科研合作的机会。

然而,一些高校的教学人员出国培训机会甚少。我国一些高校经常忽视社会实践培训,很多教员不能结合现实情况和书本知识传授给学生实用性知识,不能使学生获得满足。如地处沿海纺织业发达地区的高校,设有纺织工程专业,但部分教学人员不愿到纺织工厂进行社会实践,这就一定程度上影响了学校社会服务功能的发挥。鉴于上述情况,高校应强化对教学人员的出国培训和参加社会实践的要求。要通过政府、学校、个人三方共同承担培训费的办法,通过外语的强化训练,开展多渠道的国际交流活动,加强教学人员的出国培训。要通过明确培训导向,完善培训体系,完善培训内容、培训结果与使用、晋升挂钩等办法,加强对教学人员社会实践能力的培训,使高校教学人员更好地为区域经济建设与社会发展服务。

三、我国高校教学人员培训与开发工作存在的问题及对策

(一)我国高校教学人员培训与开发存在的问题

虽然目前很多高校都意识到了教学人员培训与开发工作的重要性,也都已经或者正在进行这方面的工作,但是,在现有的高校教学人员培训与开发的具体操作中,还存在着不少的问题,主要表现在以下几个方面。

1. 在师资培训中重学历,轻师德

目前,我国高校在教员培训方面过分注重学历培训,在教员整体学历提升的同时,教师队伍思想素质却存在缺失,可能出现以下比较严重的问题:部分教师言行不一,没有做到为人师表;有的教师缺乏敬业精神,对本职工作采取应付态度;等等。高校缺乏对师德的培养,影响了师资队伍建设。

2. 培训经费短缺

目前,相比高校教员总人数,培训经费的增长速度较慢,不能适应高校培训的发展。部分学校师资培训经费出现零增长。高校培训经费参差不齐,甚至出现经费不足的情况。有部分高校经常占用培训经费进行他用,严重不利于教员培训工作的开展。

3.培训目标不明确

很多高校的教师培训,没有结合学科发展和教师专业而进行盲目的培训教育,导致师资培训受个人意志的主导。一些高校主管不能对师资建设有足够的认识和重视,师资培训无法落实,造成严重的随意性;有些骨干教师受限于教育第一线,培训机会较少。

4.培训内容陈旧

我国高校在较长的时间里都以理论培训为主,对于实践培训则少之又少,很难实现师资队伍素质水平的整体提高。师资培训内容合理性不高,部分教师在科研能力和教学能力上存在差异,科研能力强,而教学能力差,课堂的操作性差很容易影响教学效果。

(二)改进我国高校教学人员培训与开发工作的措施

1.树立终身教育的理念

在现代经济迅速发展的时代,教师职业也面临着各种挑战和机遇。这些主要是知识的更新变化、社会对教师要求的提高及优秀人才的需要等,这些既是挑战也可以说是机遇,为高校教师提供提升自身的平台,继续教育和终身教育的出现对于教师和高校的发展具有重大意义。

2.多方筹集资金,增加经费投入

当前,高校经费短缺成为师资培训的瓶颈。因此,为保证培训工作的顺利开展,需要做好两方面的工作:一是教育部门要将培训经费落实到各个高校,高校也要设定专用培训经费,不能随意挪动。二是实施效益共享、责任共担的原则,建立政府、高校及个人三者间的培训经费制度,这样就避免了培训资源浪费。

3.明确教学人员培训的目标

师资培训目标是培训的灵魂,学校和教学人员个人都必须要有明确的目标。对于学校而言,师资培训要具有计划性和长期性,真正做好工作的规划和后续保障。要根据学校的发展现状制订师资的总体规划,近期和远期目标结合设定,总体目标的设定对于师资结构优化有着特殊的指导性意义。对于教师而言,培训讲究的是理论和实践知识的互通性,要能帮助其提高自身水平。因此,在培训的实际操作中,既要认真学习和交流培训知识,还要通过教学实践来检验和反省自身。

4. 改革培训内容和形式，提高培训质量

首先，在内容上，师资培训既要注重业务知识培训，又要加强对教学人员教育理念、教育教学技能等的培训，实现由知识补偿教育向以人的发展为中心的提高教育转变，在教育科研实践中提高教学人员的研究能力和创造才能；其次，在培训形式上，要实现目标不同、内容不同、时间长短不一的各种培训形式相结合的模式，避免单调化。

5. 建立教学人员培训的激励约束机制，加强对教学人员培训的监督检查

首先，要建立对教职工培训后考核制度，及时对教职工培训情况进行分析，使培训有效；其次，针对培训经费，要建立政府、学校及个人三方投资经费制度；再次，对学位教师的培训要加强约束，避免违约的损失；最后，教育部门要执行监督的作用，对不能保证培训效果的单位进行一定的惩罚。

高校教学人员的培训与开发工作是一项紧迫而长期的战略任务，它将随社会的发展和教学改革不断变化而变化，在高校教育中作用十分重要。

第三节 高校管理人员的培训与开发

一、高校管理人员培训与开发的对象和内容

高校管理人员的培训与开发可以借鉴企业管理人员的培训与开发，虽然说企业与学校是两种不同性质的组织机构，但是，在经营管理方面，两者还是存在很多共性的。管理人员的培训与开发对象，包括高层管理人员、中层管理人员和基层管理人员。无论是哪一个层级的管理人员，为了更好地履行现行职责，做好现任工作，都有提高自己各方面素质和能力的必要。

(一)培训与开发的对象

1. 高层管理人员的培训与开发

高层管理人员是指组织中最高领导层的管理人员。在高校主要指校长，他们是学校的决策者和经营管理者。由于他们处于关键的位置，其影响对学校是举足轻重的。他们要照顾全局，正确处理学校中的各方关系，为学校的未来发展做出决策。因此，对高层管理人员的培训与开发，显得尤为重要。

2. 中层管理人员的培训与开发

中层管理人员是组织的中坚力量，担负着承上启下和管理独立部门的责任。

中层管理人员一般是某一部门的负责人,需要很好的信息沟通、人际交往、组织协调和决策的能力。因此,中层管理人员的培训与开发也是一个很重要的方面。

3. 基层管理人员的培训与开发

基层管理人员是第一线的管理人员,在他们的工作中,技术能力、沟通和人际关系处理的能力都很重要。因此,对基层管理人员的培训与开发的内容,主要包括专业技术知识培训、管理基本理论和知识培训、思想道德素质培训等。

(二)培训与开发的内容

管理人员培训与开发的内容,包括品性、能力、知识三大块,在每一块中又有许多子因素,并且管理人员所处的层次不同,开发的内容与重点也不一样。关于不同层次的管理人员培训与开发的内容见表3-1。

表3-1 管理人员培训与开发的内容一览表

内容层次	品性(包括态度、价值观等)	能力(包括经验、技能等)	知识(包括信息等)
高层	观念更新、思想更新(高层开发重点所在)	工作方法更新、决策科学化	国家政策、同行竞争、对手信息
中层	对待领导的态度;对待下属的态度;对待改革的态度;对待组织的态度;树立乐于为组织服务的正确价值观与态度	理解、把握创新能力;组织实施能力(中层开发重点所在)	组织内外的政策、法规与现代化管理知识
基层	对待领导的态度;对待群众的态度;对待改革的态度;对待组织的态度;树立充分体现组织与领导先进的思想与能力的服务态度	操作实施能力;理解把握能力;解决实际矛盾与问题的技能、技巧(基层开发重点所在)	组织内外的新知识、新政策、新法规(基层开发重点所在)

二、高校管理人员培训与开发的过程

对管理人员的培训与开发必须制订详细的计划,规定具体的培训步骤。学校管理人员的培训与开发可以参照企业主管的培训开发,具体过程如图3-2所示。

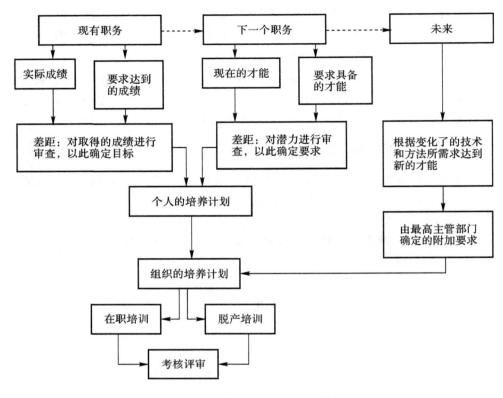

图 3-2 管理人员培训过程示意图

(一)现有职务

关于管理人员的培训计划,是以对需要的分析为依据的,而这种分析又是从"实际成绩"和"要求达到的成绩"的比较得来的。它考虑的是目前职务对管理人员的要求。其实际工作成绩与要求达到的成绩的差距,就是个人的培训需要。

(二)下一个职务

对新选拔出来的管理人员来说,下一个职务的要求与他现有才能之间的差距,就是个人的培训需要,构成组织培训的主体。例如,要求基层管理人员去承担中层管理人员的任务,就必须对其进行中层管理工作所需的培训。

(三)未来

学校要发展,就要根据内外实际情况进行分析,结合未来管理人员的需要,预测高校发展的整体趋势,从而设置培训目标和方向。这也是高校管理人员培训和开发的关键环节。

第四章 高校人力资源档案管理

高校人力资源档案工作不仅是人力资源管理部门不可或缺的组成部分,也是其管理工作高度重视的流程之一。本章主要围绕高校人力资源档案概述、高校人力资源档案管理基本原则、高校人力资源档案管理方法与要求以及人才流动给人力资源档案管理带来的问题与对策展开论述。

第一节 高校人力资源档案概述

一、高校人力资源档案的含义

干部档案、工人档案等总称为人力资源档案,是国家档案中的一类。档案定义和人力资源档案的定义关系密切。高校人力资源档案的定义为:通过人力资源管理活动产生,记录教职工的人生经历以及工作表现,通过文字或表格方式,集中保管教职工的一些原始记录,方便查阅。

(一)高校人力资源档案是经过认可的教职工个人材料

高校人力资源档案是被人力资源部门所认可的教职工资料。通过高校人力资源管理活动产生高校人力资源档案,换句话说,高校人力资源管理工作是形成高校人力资源档案的唯一方式。高校通过对人力资源管理活动进行记录,能够掌握教职工的基本情况,有目的地通过多种渠道了解教职工。所以,高校人力资源档案具备两项特征:首先,高校人力资源管理活动产生高校人力资源档案,主要形成方式是通过组织人力资源等部门对教职工进行培养、选拔以及任用等;其次,教职工的基本材料需要经过人力资源管理部门的审核和检查,并取得认可和通过。

(二)高校人力资源档案是教职工个人的原始记录

高校人力资源档案是教职工个人的原始记录,通过了解档案信息能够反映教职工的个人经历以及其他表现。例如,履历表、年度考核表、自传、聘期考核表等,都能够真实反映出教职工的个人经历、工作表现以及道德水平等;每一年鉴定考核都是对教职工个人在不同时期的评价；入团、入党以及晋升等材料都证明了教职工个人的成长；针对思想政治以及工作情况所进行的考核、奖惩以及科研成果等，都代表教职工个人的工作能力、政治表现以及所做出的贡献。因此，高校人力资源档案能够真实地反映教职工的个人情况，保存着教职工个人的所有原始记录。

（三）高校人力资源档案由高校档案馆（室）统一保存

以下四点是人力资源文件材料转成人力资源档案需要具备的条件：

（1）人力资源文件材料要全部办理完毕后才可以归入高校人力资源档案。这里提到的办理完毕指走完所有文书处理程序，最终转化成档案。比如，审查教职工问题时，调查材料和审查报告齐全，但没有经过学校或上级部门批示，此类文件材料则无法归入高校人力资源档案。

（2）文件材料的手续全部完备后才可以归入高校人力资源档案。人力资源文件材料首先要个人撰写，其次要经组织人力资源部门等认可，并符合格式要求、手续齐全。满足以上条件才可以转化为高校人力资源档案。如果文件材料没有被组织人力资源部门等认可，或者材料无签字、盖章等，都不可以当作高校人力资源档案进行保存。

（3）归入高校人力资源档案的文件材料要保证绝对真实性。高校人力资源档案作为对教职工个人的考核依据，首先要确保其准确性和真实性，内容是否真实，会影响组织人力资源部门以及相关领导对教职工的了解。

（4）归入高校人力资源档案要确保一定的考查价值。通过对文件材料进行鉴别和挑选，留下保存价值较高的材料归入档案。文件材料的考查价值是文件转化为档案来永久保存的核心。

高校人力资源档案是根据一定原则和方法，对教职工个人材料进行整理得到的。以教职工个人为单位，总结并归纳教职工全部材料，按照相关规定、采取一定的方式方法，将这些材料组成专卷，为相关部门的应用和保管提供便利条件。

二、高校人力资源档案的内容

高校人力资源档案能够记录和反映教职工个人的工作经历、能力以及业绩等。档案中所需要保存的材料有：①干部履历材料；②个人的自传信息；③考核、检查以及鉴定材料；④学历材料，具体指学籍、学历、学位等基本信息，还有相关成绩信息等；评聘专业技术职务材料，主要指考核成绩和审批信息；⑤申请入党或者入团的资料，包括申请书、志愿书等；⑥政审材料，主要指相关问题的审查材料,即党籍、基本信息的审查材料;⑦奖励材料,比如优秀科技成果奖、先进模范事迹奖等;⑧处分材料,包括复审材料、免于处分的材料;⑨录用、调岗、薪酬津贴、出国培训、离职以及退离休等办理手续资料,还有参加重要活动或者会议的登记表材料;⑩其他具有参考价值的材料,以及除了以上材料之外的参考资料。这十大类材料能够体现教职工成长的全部过程。所以从属性来看,高校人力资源档案也是个人情况的历史记录。

在日常工作中,高校人力资源档案保存和提供的内容主要有:以往的履历表、具有履历特征的登记表等信息;自传及具有相同特征的数据;与领导者相关的事件情况报告表等信息;在实现制定目标以及发生意外事故时的表现材料;定期考核材料或者不定期考核材料,比如年度考核表、挂职实习、志愿表等材料;还有一些鉴定材料,如职位调动等材料;后备干部登记表等材料;经济责任审计结果报告;不同学历等级的毕业生登记表,如中专毕业生登记表、大专毕业生登记表以及本科毕业生登记表,还有军校毕业生登记表、研究毕业生登记表等;学科成绩表、等级考试成绩表、学籍登记表;相关证明,包括毕业证明、学位证明等;不同类型和级别的学校所授予的学位登记表、毕业生就业报到证等具有参考价值的材料。

三、高校人力资源档案的作用

高校人力资源档案为高校人力资源工作服务,帮助开展高校人力资源工作,涵盖教职工个人的全部信息,也是高校、人力资源部门了解教职工的重要依据。高校人力资源档案能够直接影响高校管理人员、专业技术人员和教师队伍的建设问题。其作用主要如下:

(一)高校人力资源档案是考查和了解教职工的重要依据

知人是善任的基础,在高校,知人是指对教职工进行全方位的了解。其中,不但要了解其德行,还要了解其工作能力;不但要了解其特长,还要了解其缺点;要知道其所犯过的错误,也要知道其是否改正,调动教职工的积极性。高校组织人力资源部门除了通过考查的方式了解教职工外,还会对教职工的人力资源档案进行查阅。

(二)高校人力资源档案可为高校人才资源开发提供准确、全面和可靠的信息

高校人力资源档案的信息功能体现在三个方面:首先,高校人力资源档案作为一个数据库,包含着丰富的内容,储存着所有人才信息,其特点是信息集中、系统、准确且全面,可以为高校人力资源管理工作提供所有信息;其次,组织人力资源部门通过分析档案中的数据,判断高校人才的成长规律,选择更加合适的人才,帮助高校组织人力资源部门制定相关人才政策,为人才工作计划的制订提供服务;最后,高校可以根据档案内容选择人才,推动人才的合理流动。

(三)高校人力资源档案是澄清个人有关问题的凭证

高校人力资源档案的形成特征:首先,由知人和用人这一过程所产生;其次,由当事人撰写材料,由组织人力资源部门认可。因此,高校人力资源档案的内容客观、真实,没有任何可辩驳的余地。在进行干部选拔、职称评定以及调整教职工工资等情况下,高校人力资源档案可以作为参考凭证。

四、高校人力资源档案的特性

(一)真实性

高校人力资源档案的核心是真实性,也是人力资源档案所存在的价值。高校人力资源档案不仅需要具备个体的真实性,还需要保证个人资料的完整性和系统性,而档案材料的全面性能够反映其客观性和准确性。针对人力资源档案的审核和检查等工作,国家已经展开过很多次,主要目的是确保档案信息的真实性和完整性。除此之外,人力资源档案的全部信息都应该通过组织审查。要落实国家传达的严管精神,需要严格执行相关规定,并且遵守相关规则和制度,针对干部的人力资源档案要更加严格地管理,确保其人力资源档案的真实性。

(二)动态性

建立高校人力资源档案并不代表内容的完结,而是新的起点。高校人力资源档案具备三点动态性表现:首先,教职工的职务、思想政治表现等不会一成不变;其次,人力资源档案会受到时期的限制,有些档案材料已经失去保存价值,应该及时根据党和国家规定进行鉴别、清理和剔除;最后,高校人力资源档案具有流动性,要保证档案管理和人的管理统一。整体来讲,从建立高校人力资源档案到转递直至销毁,所有过程都是动态的,属于正常现象。

(三)现实性

高校档案管理部门在创建档案过程中,围绕在职工作人员以及离退休人员进行记载,记录每位教职工不同阶段所产生的档案材料。目前高校人力资源档案涉及的当事人,大部分都是在岗位上学习或工作的人员。组织人力资源部门会频繁使用档案资料,高校人力资源档案可以为其提供重要依据,为现实工作服务。其现实性表现在：档案资料虽然是历史记录，但反映的对象却在发生改变，对历史材料要进行及时更新，避免因材料更新慢、失真而无法发挥人力资源档案作用。这也是其区别于其他档案的特点。

(四)机要性

高校人力资源档案具有保密性，不会轻易对外开放。负责整理干部档案的人员需要严格按照《中华人民共和国档案法》《中华人民共和国保守国家秘密法》进行工作，绝不能违反安全保密制度，坚决守护党和国家秘密。对此，高校人力资源档案也适用这部分规定。由于高校人力资源档案内容牵涉每位教职工的个人信息，所以要由高校档案管理部门进行保管，任何人不得泄露他人档案。

第二节 高校人力资源档案管理基本原则

高校人力资源档案管理属于一项综合性工作，具有政治性、科学性、保密性以及服务性等特征，目前其工作流程以及制度等方面还不够全面和成熟。因此，为了完善高校人力资源档案管理工作，首先要遵守以下四个原则。

一、高校人力资源档案坚持集中统一管理的原则

人力资源档案的管理体制为集中统一和分级负责，即选择分级和集中负责的方式管理人力资源档案。在高校人力资源档案管理中，上级主管部门负责管理校级领导成员档案；学校档案管理部门负责管理其他事业编人员的档案；对于非事业编人员（流动人员）的档案，通常存放于当地人才市场或者人力资源服务中心。

(一)组织人力资源部门集中统一管理高校人力资源档案

高校管理人力资源档案是开展人才管理工作的重要手段。采取集中管理方式，一方面有利于简化人力资源管理工作，提高管理效率；另一方面，有利于提高档案管理工作的严密性，最大限度上避免档案泄密，也杜绝了其他人私自保存档案材料的可能，规避不法行为的发生。同时，高校档案管理部门要加大违规操作档案的违法行为的打击力度，对涉事人依法依规进行处理。档案的使用权和所有权归国家所有，由国家授权给相关部门进行管理。因此，人力资源档案要严格保存，只有符合规定，有审批手续才能转移或者进行其他处理工作。

(二)不同的高校人力资源档案由不同部门负责管理

高校人力资源档案管理内容主要分为:学生、工人、干部,以及流动人员人力资源档案。

大部分学生档案是由其院系或者学校教务部门负责和管理,流动人员档案一般放在本地人才市场或者人力资源服务中心。高校成立的人力资源,其主要职能是管理工人和干部的人力资源档案。

高校建立人力资源档案,硬件设施要有库房和相关存储档案的装具与设备,并且要选择具有崇高职业道德、为人正直的人负责管理,还要不断提高管理者的专业能力。此外,还要给管理人员提供一定经费保障。人力资源档案工作主要是大量的基础性工作,工作内容相对单一,实行集中化管理,有利于档案管理的各项业务开展。

(三)高校人力资源部门的职责所在

高校人力资源部门对高校的档案管理工作进行统一管理、监督,并且定期或不定期开展检查,也是该部门的职责所在。按照相关制度如"干部档案工作条例"规定,展开干部档案工作,由各级党委组织人力资源部门进行管理,并且负责指导和检查,而高校人力资源部门必须根据国家和中央组织人力资源部门下发的命令要求,及时进行指导和监督工作。

二、高校人力资源档案坚持为人力资源工作服务的原则

为更好地开展高校人力资源档案工作,提高人力资源档案的有效利用率,需要进行收集、整理、鉴别、保管等一系列工作。开展高校人力资源档案工作的前提和宗旨,应建立在满足高校人力资源管理工作要求的基础上,并且这也已经成为高校人力资源档案管理遵循的原则之一,渗透高校人力资源档案管理工作的各个环节,给高校人力资源档案管理工作指明方向,也成为检验和衡量高校人力资源档案工作质量的重要标准。

三、高校人力资源档案坚持实事求是的原则

高校要顺利实施人力资源工作,离不开人力资源档案工作的有效管理。因此,对于人力资源档案的有效性,高质量的管理具有明显的促进作用,必须确保高校人力资源档案内容的高度准确,才能将高校人力资源工作落到实处。对此,开展人力资源档案工作,要将实事求是作为基本原则,相关从业人员要树立责任意识,对保管和收集的人力资源档案材料进行认真梳理,鉴别真假;遇到存疑材

料,需要认真核查,不能草草了事,不能在查清之前归入档案。

四、高校人力资源档案坚持完整性与安全性的原则

要根据人力资源档案,掌握教职工的基本情况和工作能力,就需要丰富人力资源档案内容,从而确保档案的完整性。保障人力资源档案的完整性,需要做到三个方面:第一,确保数量齐全,将每一位教职工档案集中管理,定期检查,确保不缺少;第二,对具体的文件要将顺序排列清楚,可以按照时间顺序进行排列,确保无缺页或残页情况;第三,确保档案内容完整性,对新的材料要及时归档,避免档案内容陈旧、老化,确保档案能够及时反映出职工最新的现实面貌和基本情况。

保障人力资源档案的安全性,需要做到两方面:一方面是物质安全。最大限度地确保妥善保管,防止人力资源档案损坏。因为人力资源档案受到纸张、书写方式等因素影响,以及容易受到人为和自然因素影响,很难做到永久保存而无损。因此,人力资源档案工作要结合实际,采取有针对性的措施,尽量延长档案的使用寿命。另一方面是政治安全。档案管理工作需要建立完善的保密制度,以及借阅、保管、使用制度,从政治上确保人力资源档案不泄密、不丢失。

第三节 高校人力资源档案管理方法与要求

一、高校人力资源档案材料的收集

建立人力资源档案,是一个日积月累的过程,需要人力资源档案管理部门从各种渠道进行收集。可以收集的主要内容有:招聘、学历教育、录用、任免、调动、专业、专业技术职务评聘、考查考核、出国(境)、团体组织建设、工资变动、干部审查、人员流动、奖惩、离退休等。高校人力资源档案必须确保主档材料的完整性。主档材料分为如下六个部分:

(1)学历教育材料。自中学开始,各阶段材料主要包括录取信息表、报名表、授位决议、授位登记表、毕业生登记表、成绩单等。高校教职工本身学历相对较高,学籍材料占个人档案比重较大。因此,要确保学籍材料的有效衔接,保障其完整性。此外,应高校工作和学术氛围要求,教职工需要不断提升自身学历,因此,人力资源档案管理工作要注意收集学历变化后新的学籍材料。目前,越来越多的外籍人士进入我国高校,成为教职工,高校人力资源档案管理工作要收集相关证明材料或海外学历,如成绩单、录取通知书、"留学回国人员证明"等。

(2)入团入党材料。其中包括入党志愿书、入团申请书、转正申请书、入党申请书,还有增加的家庭成员信息,以及组织对本人社会关系、工作表现的调查材料。

(3)履历、自传或鉴定材料。其中包括登记表、履历表、鉴定表,还有个人的自传等。

(4)考核与惩奖材料。其中包括惩罚信息、考核登记表、奖励信息、司法案件的判决材料等。

(5)职务任免、调级材料。其中包括高校教职工的职位变动情况。岗位变动具有动态性强的特征,应该及时更新信息并将材料补充完整。常见的材料包括调动登记表、职务聘任审批表、调级审批表以及工资调整表等。

(6)其他材料。其中包括辞退表、离退休、调动等。

档案收集包括两个要求:第一,及时补充材料;第二,确保质量。要将履历证明材料放入档案,保证时间上的连续性,使材料真实有效。

二、高校人力资源档案的鉴别

鉴别人力资源档案材料,需要从三方面展开:首先,鉴定材料真实性。鉴定材料与本人情况是否一致;对于组织材料,审查审批程序有无遗漏,有无异常。其次,材料内容是否属实,主要针对档案材料前后相一致的情况进行判断。最后,判定材料价值。检查有无重复材料,有无缺乏说明或佐证的材料。

鉴别的标准是确保档案内容准确、真实、有效,对无须继续保存,需要剔除的材料,经程序批准后做销毁处理。

三、高校人力资源档案的整理

开展人力资源档案整理工作,要遵循和依照一定程序、方法和原则,将收集的材料进行排列、分类、复制、分本分册、登记目录、装订、编号、技术加工等。整理工作一般分为两个方面:一方面,对教职工,尤其是新进人员的档案做系统整理,他们的档案材料很可能存在缺失,或原单位的整理方法与现单位的不一致的情况,如装订顺序不同或没有进行装订等,要重新进行整理、收集、装订。另一方面,及时将动态性的材料归档。人力资源档案的材料随人的变化而变化,有显著动态性特征。对管理者而言,要经常整理档案,才能确保档案的真实性和有效性,在重新对档案进行整理后,需要相应地修订或补充目录。

四、高校人力资源档案的利用和转递

鉴于高校工作的性质,人力资源档案使用率相对较高。对教职工进行职称评审时,必须以相关材料作为依据,因此,人力资源档案管理工作任务量巨大。

要确保材料齐全且整理有序,才能为职称评定提供公平、公正的基础。因为目前新的用工制度与劳动管理制度的变化,人员流动比以往更加频繁,而人员档案材料也要跟随人员从原管理部门移送至新的协管或主管单位。在转递人力资源档案过程中,一定要确保转递档案安全,避免泄密和丢失的现象发生。

在人力资源档案转递时,不能使用挂号、平信、快递、包裹等邮寄方式,而是要严格密封进行递送。机密件需要通过相关机要部门进行转递,或者安排本单位正直、可靠人员进行递送。通常,人力资源档案不允许本人转递,但档案在加盖密封章和已经密封后有严格手续、确保绝对安全的情况下,可以由本人转递。

第四节 人才流动给人力资源档案管理带来的问题与对策

社会主义市场经济蓬勃发展,人才成为推动经济发展最为主要的因素之一,人力资源成为各领域各单位争取的力量。在此形势下由于各种因素或外部条件,或为实现自身发展,有竞争力的人才开始不断寻求更适宜自身发展的平台,这对人才自身以及整体经济来说是一种积极现象,实现了人才在全社会的动态分布。但是与此同时,人才流动也给传统人力资源管理制度带来了巨大挑战,有效的企业人力资源档案管理成为难题,如何应对人才流动带来的挑战、维持人力资源管理工作的正常开展、为人才提供有效档案信息保障成为相关档案管理者面临并亟须解决的重要难题。

一、人才流动给人力资源档案管理带来的问题

(一)重建档案数量呈直线上升趋势

人力资源档案管理中应遵循的制度之一是档案保存在人们所生活、工作的地方。在过去,人力资源档案是极为重要的关键文件,是人才经历的缩影,人才流动必须保证档案跟随。但是在新的市场经济条件下,人才资源特别是稀缺人才成为各大企业争相争抢的对象,许多企业为保证自身长远发展而加大人才招收力度。更有部分企业为应对人才单位不放人、无法进行人力资源档案调动的情况而开启"绿色通道"。"绿色通道"是指人才不携带人力资源档案而进行流动的情况,个人只要提供了部分材料就可以在流入单位进行档案重建。就流入企业来说,未接收人才之前档案而为人才进行重新建档是一种解决人力资源管理档案需求的具体措施。但是这种现象对于档案管理的影响是负面的,形成了人才流动的不规范现状,重建档案数量直线上升。人才流动环境下的"绿色通道"

一方面弱化了人力资源档案的现实功效,另一方面也为人力资源管理埋下了一定的隐患。

(二)人与档案分离现象普遍

社会主义市场经济体制的深入发展促使了各种形式企事业单位的出现和发展,用人单位也依据市场状况进行了招聘形式的变更,改变了原本单一的招聘机制。同时,中国人才受到西方择业观、就业观的影响,观念也发生了较大变化。企业招聘人才时也不再仅仅是传统的招聘形式,用人形式的增多让人才招聘不拘一格。只要人才有能力、有潜力,在招聘中即可以通过简单身份证明提交而正式入职,人力资源档案被排除在所需资料之外,甚至有部分小微型企业不存在档案管理部门,这就造成人才流动时大范围的人与档案分离的现象。跳过人力资源档案提交和接收而直接入职看似更加灵活,也为优化社会资源配置起到了一定的积极作用。

(三)档案管理不清晰

人才流动带动档案流转,若档案管理的某一个环节出现工作偏差就会为之后的工作埋下一定的隐患。档案随着人员在各企业单位间流转,但是部分企业缺乏专业档案管理人员,管理档案较多的是相关管理知识和管理理念缺乏的其他部门人员,且各单位间沟通机制空缺,档案传递也没有有效途径,这就造成档案流转时极易出现缺少或者丢失的情况。档案具有原始性特点,内部包含的重要材料如经历说明、身份证明等,很难补办甚至无法补办,部分得以补办的材料也丧失了档案原有的效果。档案丢失意味着某段经历的空白,这对于人员来说有很大的影响。

二、问题的解决对策

(一)转变档案管理观念

计划经济体制下人员流动频率极低,人与单位之间有着"超"稳定关系,即人的一生发展几乎都被固定于某一个单位之中,这就促成了传统人力资源档案管理理念的形成——人力资源档案管理工作仅为本单位人员调动工作服务。新时期人员流动情况的普遍性使得旧有理念的局限性不断凸显,即旧有理念已不适应现如今社会的需要。因此,档案管理人员要及时发现新时期的新需求,不断革新档案管理理念。转变管理理念,既是社会主义市场经济条件下人才流动的要求,也是人力资源档案管理工作效用得以发挥的基本前提。人员流动在全社会范围内已成为一种普遍现象,而人力资源档案管理工作已需要在满足社会需求基础上进行改革、创新,进而为整个社会服务。

(二)完善档案管理制度

人力资源档案是人员经历的缩影,根据档案管理相关规定,人员与人力资源档案是一一对应的,且不具备重新建档资格,避免由重复建档造成的资源浪费。完善的档案管理制度为正常档案管理工作的开展提供制度保障,相关管理人员一定要按照已制定的规范对管理工作进行指导。人员流动情况下的档案管理也要遵照规定规范重建档案,防止由人才流动不规范造成的档案管理质量下降现象。从人力资源档案管理人员方面来说,要重视自身能力的不断提升,不仅要具备良好的职业道德素养,还应该具备良好的政治素养,同时增强自身专业能力。此外,档案管理人员还应充分了解人力资源档案管理条例及要求,确保自身工作符合规范,从档案收集、鉴别到相关整理以及归档都严格按照规定进行,不可私自进行建档以及调档。

(三)将互联网技术应用于档案管理

随着人口数量大幅增加,人口流动日趋频繁,旧有的人力资源档案管理方式与高速发展的经济社会已呈现出不相适应状态,旧有的人力资源档案管理方式不能够满足人才大范围流动需要。如今的互联网时代,电子信息已经得到人们的接受和认可,并且渗透每个行业,人力资源档案管理也应将其应用于管理之中,利用先进的信息手段进行档案管理,解决因落后管理方法导致的效率低下问题。现代储存技术以及通信技术的应用可以完成由纸质档案向电子档案的转变,这样一方面有利于档案更好地保存,另一方面也为单位间的档案转移提供便捷途径。利用互联网技术实现档案电子化、网络化,对于加强档案管理机构间的交流、沟通有积极意义,既可以促进人与档案分离问题的有效解决,又可以提高档案传递效率,从而减少由档案传递不及时造成的重新建档问题。此外,档案信息传递的便利性会使得人才流动更加自由,对于促进社会经济发展、优化人才资源配置有着重要的作用。

(四)建立全国性的档案信息网络

在互联网时代下,信息技术实现了人力资源档案管理和对人力资源进行信息管理的分离,具体来说就是原有单位可以为丰富自身档案而对流出人员的档案进行继续保存,同时充分利用现代信息储存和信息传播技术建立全国性的档案信息网络,实现接收单位的信息授权开放。

各区域内的人才交流中心是最适宜进行档案信息网络建立的部门。由省级人才交流中心率先与用人单位达成合作,对单位内流出人员的人力资源档案进行数字转化,对信息进行汇集整理,建立流动人才相关的专业人力资源档案信息库。在此过程中,人才交流中心的主要工作就是对数据库信息进行维护、管理以及向接收单位授权进行信息开放。在此之前,省级人才交流中心一定要制定出一套契合实际的科学性收费标准和规范,授权单位只需在平台内缴纳一定费用就可以实现随时查询相关人员档案。省级人才交流中心的工作还包括积极联合各用人单位,实现较为全面的流出人员信息收集以保证信息系统内部人力资源档案信息的相对完整,解决部分企业对人才信息了解不全的问题。

总之,人才流动的频繁和广泛使得传统人力资源档案管理工作受到冲击,社会经济发展形势的变化和人们就业理念的革新也对人力资源档案管理提出了新要求。旧有管理理念和管理方式已经无法满足新经济形势下的新要求,对此各企事业单位和国家人力资源部门都在探索有效人力资源管理的新方法,研究人才流动造成新挑战的应对策略。具体来说可以通过转变档案管理观念、完善档案管理制度,将互联网技术应用于档案管理、建立全国性的档案信息网络等途径保障人力资源档案管理工作的正常运行和革新,将人力资源档案管理发展成为推动社会发展、促进经济进步的积极力量。

第五章　高校人力资源招聘管理

第一节　高校人力资源招聘

高素质人才是高校发展的重要推动力,目前高校的发展不仅取决于先进的仪器设备、高端的校园硬件设备及富足的财政投入,更取决于学科领域有造诣的专家、学者的数量,所以人才的吸收引进已成为各大高校的工作重点。浏览各大高校招聘网站,其招聘条件中无不体现对高学历、名校毕业及海外留学背景的热衷,有些高校甚至把海外留学背景作为定级薪资待遇的条件。此种现象与前些年某些企业过分追求高学历与留洋背景相似,但事实证明高学历、留洋背景并未推动企业的高速发展。那么以人才密集型为特征的高校是否会重蹈企业覆辙呢?这是一个值得探讨的问题。

一、"转型"解析

2020年,全国共有普通高校2 738所。其中,本科院校1 270所(含本科层次职业学校21所)、高职(专科)院校1 468所。各种形式的高等教育在学总规模为4 183万人,高等教育毛入学率为54.4%。高等教育已经进入大众化阶段,并继续向普及高等教育阶段发展。精英教育的模式发生了变化,学生群体的多元价值观对高等教育和高等学校教师产生了影响,高等教育、高等学校和高等学校的学生呼唤新型教师的出现,并对教师的素质、结构等产生了作用力,教师群体逐渐分化。那些适应者留下来继续在高等学校发展,不适应者则离开了高等学校,这是中国高等教育宏观方面的第一个转型。

另一个转型是,随着我国信息化的高速发展,高等学校教师的角色和功能也逐渐发生了重大转变。高等学校教师传播知识的功能逐渐减弱,道德指引和学习促进的功能逐渐强化。"传道、授业、解惑"的传统师道不仅没有丧失生命力,反而在新的社会转型期焕发出新的生机,被赋予新的内涵。"面临着其他信息提供者和社会化机构作用的不断增强,人们期望教师担负起道德指引和教育指引的作用,使学习者能够在大量的信息和不同的价值观中不迷失方向。"教师逐渐成为学习的促进者和道德的指引者。高等学校的教师招聘行为也应该顺应这种变化，注意选拔那些能够促进青年学生道德发展和学习能力发展的候选人进入高等学校，从事教育职业。

第三个转型是，教师招聘行为已成为高等学校这一组织实现其战略目标的重要环节。教师招聘作为高等学校人力资源管理战略的核心，对于高等学校战略目标的实现，以及人力资本的增加都起着越来越重要的作用，人力资源管理也已由以往的行政支配角色转变为高等学校的战略伙伴角色。因此，应该持续深化高等学校人事制度改革，建立真正有效的激励竞争机制，优化教职工队伍的结构。人事制度改革要有利于教师聘用由身份管理向岗位管理转变，由高等学校行政管理向法制管理转变，由行政任用关系向平等协商的合同聘用关系转变，由微观的人事管理向宏观、微观相结合的人力资源战略管理转变。

要使一流的高等学校具有一流的教师队伍，首要的和基本的关口是教师招聘环节。教师招聘应该放眼国内，力争引进国内一流的教师和研究生，不要只局限在本省、本自治区或本直辖市范围内，更不能大量留用本校的毕业生（除非经过公开公正公平竞争表明本校的毕业生确实更优秀些）。无数事实证明，高等学校教职工队伍的学缘多元化是高等学校活力的源泉。至于招聘对象的毕业学校是否有层次上的要求，如是否必须出自"985工程""211工程"的高等学校，是否必须出自世界名校，则要根据招聘学校的层次和招聘岗位的具体要求来确定。但归根结底，招聘对象的能力和水平才是最终的衡量尺度。虽然有的企业招聘高等学校毕业生时很刻板，必须是某些名牌高等学校的毕业生才会纳入其招聘的视野之内，但"英雄不问出身"，教师招聘既然是一种人才选拔活动，务实才是最重要的。

二、招聘权的行使

招聘权的行使目前主要有两种模式：一是分权式，由学院等具体用人部门提出人选，由学校决定是否聘用，具体用人部门的意见具有相当大的影响力；二是集权式，具体用人部门的权力是虚的，实际的决定权在学校。两种模式都有弊端。

分权式的后果是，由于害怕新来者的超越和竞争，往往拒绝引进能力水平比自己高的候选人，形成"万马齐喑"或者只愿意引进"拜倒和臣服"在已经形成的学术权威下的候选人。集权式的后果是，由于精力有限，往往不太可能陷入烦琐的招聘事务中，结果造成细节上的较多漏洞。为此笔者建议，大量的前期工作由专业的服务公司负责操作，学校的招聘委员会只在决策阶段进行参与并最终拍板。招聘委员会的组成人员应该既有学校内部的专家，也有学校外部的专家；既有本学科的专家，也要有教育专家、心理学专家和人力资源管理专家。无论什么模式,招聘人员的专业眼光和道德水准必须是一流的。

三、高校人才招聘现状

(一)注重高学历

某些高校招聘条件让人望而生畏,我们首先来看一个案例:系招聘保卫处干事1名,男性,党员,应届硕士毕业生,学生干部优先,年龄30岁以下,专业不限。我们在调研中发现,竟然有42名应届硕士生投了简历,最后符合条件并参加面试的有25人。当前随着对教学科研人员要求的提高,对教辅人员要求也有水涨船高之势。造成这种现象的原因主要有以下3个方面:一是由于前些年大学扩招,高学历人才供给高于需求,尤其在高校相对密集的城市如北京、上海等热点地区更是如此;二是受传统思想的束缚,人们认为进入高校工作似乎更能被社会认可,更有保障;三是当前高校测评中把教职工整体学历作为重要的考核指标之一,导致高校招聘盲目倾向高学历,忽略了人员结构的梯度问题。

(二)"近亲繁殖"现象严重

"近亲繁殖"一词来源于生命科学,本指三代以内的血缘关系繁衍后代。这里所谈及的高校"近亲繁殖",指留任曾在本校学习过的学生(包括本、硕、博的任一阶段或者多个阶段),是借用生物学现象指出高等院校中存在的留任的近亲繁殖关系,这是教师队伍建设和学生培养模式上的一种常见现象。

在我国的许多大学里,经常可以看见这种现象:从博导到助教,从学科带头人到普通教员,几乎清一色都是本校毕业留下来的,"三世同堂""四世同堂"的现象屡见不鲜,师生关系含有浓厚的"家族"意识。这个家族不是血缘的家族,而是"学缘"的家族,是学科的家族组织。在家族中,老师倚老卖老,以自己的"高徒"为荣,自我陶醉;学生则以自己有名师而傲物。如果学生已经被内定为名师的"接班人",他就更会目中无人。这不仅使我国流传几千年的"尊师"美德异化,还在高校中形成了一个特殊的共同体——"师门"利益共同体:老师和学生之间相互"提携",相互利用,形成了一种"裙带"关系;职称评定中"天平"的倾斜,研究生招生中的"关照",使学术腐败滋生。

避免"近亲繁殖"的留任制度首先在西方发达国家盛行。例如,哈佛大学为保持学校声誉,博采众家之长,明文规定本校应届毕业生不论学历高低,不论优秀与否,一旦毕业必须离校,不予留任。近年来,国内很多高校在人才招聘过程中也引用此种模式,例如,北京大学、清华大学等高校招聘启事上已明确原则上不留任本校毕业生。

(三)结构化面试占比低

面试是应聘者与用人单位之间面对面近距离交谈的一种方式。面试过程中可以通过观察应聘者对问题的回答,全面考察其知识面、科研水平、思维活跃性及口头表达能力。还可以通过观察其临场表现,了解其应变能力、个人气质及情绪控制力。因此,面试成为各高校人才招聘的重要方法之一。传统面试由于受考官能力、见识、素质、经验及个人喜好等因素限制,难免存在面试不规范、面试质量受到影响的现象。解决传统面试的不足,要求高校人力资源管理者具有现代人才管理知识,运用科学方法和手段,规范程序,对人力资源进行测评。结构化面试是根据特定职位的胜任特征要求,遵循固定的程序,采用专门的题库、评价标准和评价方法,通过考官小组与应考者面对面的言语交流等方式,评价应聘者是否符合招聘岗位要求的人才测评方法。随着结构化面试在企事业单位中的成功运用,近年来,这种面试方式也被借鉴到高校人才招聘中,但是这种面试方式在高校人才招聘中的占比还不够高。

第二节 高校人力资源招聘流程与聘任制

一、招聘的程序

招聘程序和招聘规则可参考著名的高等学校,招聘的标准要严格,并要打破"近亲繁殖"和任人唯亲。招聘的程序应该秉承和坚守这样的原则:公正、透明和富有竞争性。

比如,香港科技大学要招聘一个全职的教员,不管等级如何,都要从助理教授开始。在香港科技大学,为了保证招聘过程的公正、透明和富有竞争性,连招聘的广告也须由"招聘委员会"开会讨论,逐字逐条定出对应聘教员的学术要求,如资历的深浅和研究的方向,而且要讲清楚本校对应聘教员的期待是什么,等等。因为这牵涉到学校的大门向谁打开,打开多大。此外,招聘广告还须用英文、中文同时刊登,刊登广告的报刊也必须既有地方性的也要有全球性的。香港科技大学招聘教员,中文的广告须在香港最重要的两家报刊登出,而且规定至少要登几次。英文招聘广告至少要登在香港的英文报纸上,登在北美或欧洲的两到三家对学术界影响大的报刊上,而且还要登在互联网上。这样做的重要性在于,尽量使招聘新教员的过程少受到既得利益群体的干扰,尽可能地把招纳人才的大门开得既透明又广阔。

招聘委员会是教师招聘行为的最重要的主体,它以合议为工作方式,决策由集体完成,通过投票决定是否聘用教师,从而防止由于个别成员的因素影响招聘的结果,最大限度地保证教师招聘的质量。其在具体运作上借鉴了企业招聘的外包制,即把大量的人力资源行政性事务,如薪金发放、福利管理、招聘选拔和日常培训,外包给专业服务公司或咨询公司。通过外包这种形式,不仅可以提高人力资源服务的效率,降低成本,而且能将更多的时间、精力投入到人力资源战略的制定、发展和实践上。

二、招聘的标准和要求

招聘的标准和要求应该根据学校的定位、特色和学科布局等来斟酌确定,不可一味拔高。一般可以分为资深教师和资浅教师两类实施招聘行为。在某些特定的情况下,也可以采用别的标准。尽管这样,高等学校的教师招聘行为仍然有着许多共同的要求。

(一)共同要求

学历要达标,至少应为硕士学位,这点教育部是有明文规定的。但很多高等学校在某些"紧俏"专业上引进不到硕士生以上的人才,只好降格引进本科生充实教师队伍;还有的高校通过调动引进非应届毕业生,他们当中虽然有的职称较高,但学历却较低。这些学历不达标者,表面上看是"本本"不合要求,实际上是本学科知识深度与广度、科研素养与能力不合要求,因而能否承担对本科生的教育指引任务还是问题。

职业意识、职业道德和教育观也是一项重要要求。教师是一种非常特殊的职业,其特殊之处在于其工作对象是人,是活生生的人,因而,教师职业不是每个学识和教养达标者都能胜任的。教师职业要求从业者有强烈的职业意识、博大的爱心、对人的深刻理解、坚定的正义公平信念和永不消退的对人及社会的责任感。这一点,无论是对"资深"教师还是"资浅"教师要求都是一样的。

应该承认有很多的人把高等学校看成是学生获取文凭和教授获得职位的地方,一些学术性工作与国家最急迫的公民、社会、经济和道德问题似乎都不相干。在这样的环境中,想招聘到素质较高的能够适应高校工作的教师,往往成本较高。在最近的15年间,高等学校教师的整体学历不断提高,但是整体素养和教师风范、道德水准、人格力量却有所下降。目前,我国对教师职业的准入没有统一、权威的考试制度。虽然有《教师资格条例》,但是教师资格并不是从事教师职业的必备条件。

目前,高等学校引进的毕业生几乎全是上岗后才参加教师资格考试,这是明显不合要求的。同时根据我们的调查,教师资格考试的权威性低。建议教育行政主管部门加强对不具备教师资格而从事教师职业的惩处力度。联合国教科文组织1996年发布的《加强教师在多边世界中的作用之教育》建议,教师培训内容包括:①对任教学科的掌握;②在教师作用发挥以及在多样化的教和学的情景中,对教学策略的掌握;③对终身教育的强烈兴趣;④创新能力和在小组中工作的能力;⑤对职业伦理的遵守。而我们目前的教师职前培训是比较"软"的。

(二)资深教师

资深教师要身正、学高、领导力卓越。1995年,联合国教科文组织在其发表的《高等教育变革与发展的政策性文件》中指出,"涉及学术人员的政策和做法应该坚持明确的学术标准和鲜明的道德标准,在招聘和晋级工作中尤应如此"。

2004年8月,教育部发布了新中国成立以来的第一部《高等学校哲学社会科学研究学术规范(试行)》(简称《规范》)。《规范》对高等学校哲学社会科学研究的基本规范、学术引文规范、学术成果规范、学术评价规范和学术批评规范都做了明确的规定。这对明确学术要求、保证学术质量、维护学术尊严、纯化学术环境都具有重要作用,既涉及学术规范的方方面面,又具有现实的针对性。例如,《规范》对引文问题做出明确规定:"引文应以原始文献和第一手资料为原则。凡引用他人观点、方案、资料、数据等,无论曾否发表,无论是纸质或电子版,均应详加注释。凡转引文献资料,应如实说明。"作为资深教师,首先是治学严谨、遵守学术道德规范的教师,然后是学术水平高、学术成果丰硕的教师。在当代科学技术环境下,他还必须具备领导学术梯队、组织团队开展科学研究和教学改革的领导能力。

(三)资浅教师

资浅教师一般来讲学术成果比较少,学术水平也相对较低,因此,对这类教师的教学基本功和教学能力的要求要高一些。那些语言表达能力太差,无法胜任课堂教学的候选人不宜引进。如果他们不太适合教学但学术潜力较大,也可以作为人才加以储备,这要看是否有利于优化高等学校的学科专业布局和加快战略目标的实现。

三、当前高校聘任制改革面临的问题

当前高校聘任制改革面临的问题主要有:①认识上的误区。认为"职务即职称""评上、聘上即终身制",习惯"平均主义""论资排辈"。长期以来职称评定带来的弊端,使得重资历、讲年头、轻水平、忽视能力的现象普遍存在,从而不利于青年教师和优秀人才的脱颖而出。②岗位意识淡薄。多年来,许多教师仍把职称当成指挥棒和唯一的奋斗目标,认为够水平就要评职称,不论职务岗位是否需要。这就使得有的学科中的教师职务结构比例严重失调,这既不利于学科的建设和发展,也不利于调动青年教师的积极性和创造性。③遴选机制缺失。首先,遴选权分配失衡。目前,我国高校中行政权力过于膨胀,学术权力相对弱化。学术组织仅参与遴选过程,而没有最终决定权,决定权在于行政组织,而行政组织最终决定人选不具备专业性。其次,遴选程序不规范。程序未完全公开,过程随意性强,缺乏透明度。再次,高校教师队伍中"近亲繁殖"、高校毕业生"自产自销"等现象普遍存在。这既不利于知识创新,也容易引起门派之争,从而会损害学术的公正性。④考核体系不健全。许多高校普遍存在评价理念混乱、评价内容简单、评价标准单一、评价导向偏差、考核方法过于简单化、注重短期效益而忽视教师劳动的特点和职业的特性等问题。

四、阻碍高校聘用制改革的原因分析

(一)观念滞后

1. 依赖思想严重

高校未真正成为面向社会依法自主办学的法人实体。受计划经济体制下"等、靠、要"思想的影响,高校的办学自主权不强。教职工很大程度上依赖学校,缺乏竞争压力,工作动力不足,其积极性和主动性得不到充分发挥,高校人力资源浪费现象严重。

2. "官本位"意识普遍存在

"官本位"意识的存在使高校人事过分注重"身份管理",导致职务与职责分离,但又与待遇挂钩,造成教职工过分追求个人身份,在得到了某一级"职称"或"职务"后积极性不足,存在在其位不谋其职的现象。

3. "平均主义"观念根深蒂固

一些高校存在评优"轮流坐庄",收入分配"存量不变,增量按职务增加,增资面前人人有份"的现象,这些做法形成新的"平均主义",在收入分配上难以体现水平、贡献和业绩的差别,有违奖优罚劣、奖勤罚懒的原则。

(二)制度缺失

制度性障碍是高校聘任制度改革步履艰难的又一重要原因。

1. 社会保障制度不完善

我国企业职工已建立了地方性的社会保障,而事业单位目前还没有一个指导性的意见,更没有明确的方案,医疗保险也只在部分地区试行,且做法不尽一致。高校没有社会保障体系作后盾,实施聘任制过程中的落聘人员不能推向社会,只能在单位内部消化,这既给单位带来压力,也给社会造成不稳定因素。

2. 专门性法规缺位

尽管国家出台的很多法规对高校教师聘任做出了相关规定,但近年来,高校人事制度改革并没有很好地建立起"能进能出,能上能下"的良性用人机制。高校劳动关系的"市场化、契约化"仍带有浓厚的行政色彩,公平、竞争、平等、自由的用人机制未真正形成。高校人事制度缺乏法律机制的保证,教师与高校之间的聘任合同缺乏法律基础,教师聘任中的纠纷缺少法律解决途径。这样,可能导致的人事争议会越来越多,学校面临的被诉讼的风险也越来越大。这客观地给高校教师实行合同管理带来了一定的难度。另外,我国目前还没有统一法定的聘任制实施细则,各高校在实际操作中无章可循,多只根据本校实际情况自行制定相关制度,这样做虽然可以让高校在聘任过程中能更多考虑本校实际,因地制宜地开展人事工作,但也为一些人钻空子提供了机会,出现暗箱操作、徇私舞弊等不良现象,影响了教师聘任工作的有效实施。如果上述问题不解决好,高校实施聘任制、落实任期制、引入淘汰制只能是空话。

五、高校教师聘任制度改革与创新的基本思路

(一)转变思想观念,加强舆论宣传

淡化高校行政管理意识,落实高校法人地位。高校聘用制改革应以高校的自主权为基础,要求政府职能实现从"无限"到"有限"的转换,政府与高校之间实行法律保障之下的职权划分,尊重高校的法人地位。另外,政府和各高校应进一步加大对教师聘任制度的宣传力度,切实转变高层管理人员及教师的观念,激发其上进心与竞争意识,树立开放意识和流动意识,破除论资排辈、平均主义等陈旧观念。

(二)完善校内教师职务聘任制

1. 实行教师职称评审和职务聘任的双轨制

专业技术职务评聘不受单位专业技术岗位数额限制。高校根据专业技术岗

位的需要,自主聘任具备相应任职条件的专业技术人员担任相应的专业技术职务。专业技术人员获得的专业技术职务任职资格不与工作待遇挂钩,但可以作为高校岗位竞聘,进行人才交流,参加学术、技术等活动的依据。聘任专业技术职务后,可享受相应的工资待遇。打破事业单位长期存在的专业技术职务终身制,这样有利于调动广大专业技术人员创业的积极性,真正实现以岗位定称谓、以岗位定待遇的机制,使职称工作逐步朝着评价社会化、用人聘约化的方向发展,最终实现人才资源的优化配置。

2. 科学合理设岗,强调依岗择人

教师职务聘任制的核心就是按需设岗,按岗聘任。高校要根据学科建设需要和教学科研工作任务,按照"精干、优化、高效"的原则,设置教师职务岗位。"科学合理设岗"成为职称改革中的重点和难点。岗位设置实质上是对学校人力资源进行配置,学校应紧紧围绕学科发展和队伍建设进行配置。高校应按照"因事设岗、依岗择人"的原则,按学科设岗,以学科建设和发展为龙头,突出学科带头人和学术骨干的地位,发挥各种职务教师的作用,以利于促进教师队伍结构趋于合理。

3. 完善评聘机制,确保评聘公平公正

一是下放职务审批权,学校分科组建聘任委员会。变"唯上"为"尊下",给学校以充分的职务评聘自主权,学校分科设立非官化的教授委员会。这样一方面学校所有教授(除兼做行政管理人员之外)都有评审权,使学术权力分散,对评聘中可能发生的不公正行为起到制约作用;另一方面官学分离,真正做到教授治校,学术独立自治,行政权力退出学术评估体系。二是建立各级"学术道德委员会",完善职务评聘监督体系。"学术道德委员会"是高校学术道德监督机构,其成员应由德才兼备的教师组成,他们的产生须有一定的民主程序,以保证成员的代表性和广泛性。它具有独立依法行使监察的权力,不受其他任何行政部门的干预,有权追究在评聘工作中弄虚作假者的法律责任,约束和惩治学术不端行为和评聘中的违规违纪行为,以维护学术的尊严,净化学术环境,同时其自身还应接受上级主管部门和群众的监督。

4. 构建科学合理的考核指标体系和方法

考核指标体系科学与否,方法妥当与否,是否有利于教师潜能的发挥,直接关系到聘任制度能否得以积极、有效的实施。就其过程而言,聘任工作是一个循环式的过程,其考核可以分为聘前考核和聘后考核两种。通过聘前考核了解应聘者的能力与水平,为是否聘用提供主要依据;聘后考核,是对教师在任期内的过程考核,包括年度考核、中期考核和期满考核。不同时段的考核,其指标是不完全一致的。

(三)完善救济制度,保护教师的合法权利

在推进教师聘用制过程中,建立和完善以下两种教师权利救济制度。一是完善教师申诉制度。教师申诉制度是最快捷、成本最低廉的一种权利救济手段。教育行政部门可以通过调解方式进行公正处理,使教师和学校的合法权益得到保障,维护学校的稳定。二是建立行政诉讼制度,依据《中华人民共和国教师法》和《人事争议处理暂行规定》,教师与高校的聘用制合同纠纷可以通过申诉和人事仲裁方式解决。

综上所述,只有深化高校人事制度改革,在人事管理上实行彻底的聘任制或聘任合同制,强化岗位管理,重视考核评估制度,从多方面调动教职工的积极性和创造性,才能把高等学校人事工作推向一个新的台阶,进而促进我国高等教育事业的发展。

六、岗位管理和教师聘任制度背景

为了提高普通高等学校的办学效益,在教育部的总体部署和安排下,按照"共建、调整、合作、合并"的8字方针,自1992年开始对普通高校进行了新一轮的合并。1999年,教育部颁布实施了《面向21世纪教育振兴行动计划》以推动高等教育的发展,随之出现高校合并、共建、合作办学等新的办学模式,特别是高校合并,它一方面实现了强强联合,改变了高校间的竞争结构,但另一方面也加剧了高校机构臃肿、人浮于事、责权不分等问题。

为了进一步转换运行机制,人事部、教育部等相关部委先后颁布了一系列关于高等学校的文件,包括《关于深化高等学校人事制度改革的实施意见》、《事业单位岗位设置管理试行办法》(国人部发〔2006〕70号)、《〈事业单位岗位设置管理试行办法〉实施意见》(国人部发〔2006〕87号)、《关于高等学校岗位设置管理的指导意见》(国人部发〔2007〕59号)、《教育部直属高等学校岗位设置管理暂行办法》(教人〔2007〕4号)等。各高校特别是教育部直属高校根据自身实际,制定了以聘任制改革为核心的相应措施。如北京大学以创建世界一流大学为目标提出了教员实行聘任和分级流动制度,学科实行"末尾淘汰制",在招聘和晋升中引入外部竞争机制,对教员实行分类管理等一系列新举措,取得了较好的效果。但受观念、环境以及高校自身原因的制约,从许多高校的探索和实践来看,目前并未达到实施聘任制的初衷,仍然存在这样那样的问题。

七、实施岗位管理和教师聘任制度使高校迈入人力资源管理新时代

(一)人事管理与人力资源管理的区别

人事管理是以"把事管好"为原则,以事为中心,把精力放在员工的考勤、档案、合同管理等事务性工作上,被定位为后勤服务部门。人力资源管理则以"开发人的潜力"为原则,以人为中心。

(二)高校迈入人力资源管理新时代

高校人力资源管理更具挑战性,高校人力资源密集且承担人力资源培养任务,高校竞争优势的来源是教师,教师本身凝结了较高的智力和创造性,是高校最重要的人力资源。高校定编定岗复杂,聘任形式多样,高校人事制度改革的核心,是要利用学校有限的办学资源,通过政策导向,促进人与事的有机结合,人与岗位的合理配置。高校实施的岗位管理和教师聘任制度,按照人力资源管理科学的应用与开发,已经区别于人事经验型管理。教师聘任制度使高校教师职业生涯规划更利于优化高校资源配置,提高了高校的向心力和凝聚力,实现高层次激励的作用。大部分高校人事收入分配制度也进行了改革,实行了"九级制""职务+业绩""职务分等"的综合模式,这都是人力资源管理在高校应用中的重要体现。高校实施基于岗位管理和教师聘任制度的人力资源管理还存在一些问题,比如:观念转变尚未到位、定编政策没有完全配套、部分岗位种类难区分、管理岗位教师相关政策没到位等。

八、基于岗位管理和教师聘任制度的高校人力资源管理

(一)构建科学合理的设岗、聘任、考核评价联动机制

在岗位设置和聘任中,坚持科学设岗、宏观调控的原则,界定与岗位设置管理密切相关的激励因素,主要包括:绩效考核激励、薪酬福利激励、晋升激励、培训激励和精神激励。结合高校的办学定位和发展目标,以人为中心,体现以教师为主体,向教学、科研一线和关键岗位、向高层次人才倾斜的导向性。坚持按岗聘任、合同管理的原则,突出高校学科和专业建设发展的特色,加快高校高水平师资队伍建设步伐。人力资源管理的5P模型前三项正好对应"设岗、聘任、考核评价",既独立又联系还连续。因此,构建科学合理的设岗、聘任、考核评价联动机制很有必要。

(二)构建合理的人力资源开发体系

高校是人力资源密集地,更应该合理开发高校教师这一人力资源。在高校人力资源的开发与管理中,要解决如何从长远、整体、系统的角度,有效地优化各种教育资源,建构出具有前瞻性、可操作性、统一性、灵活性的科学高效的开发体系,包括教师的继续教育、激励与考核机制、管理制度、课程体系、行为规范、师资队伍、社会实践、环境应对与政策过程等。一个好的高校人力资源开发战略还应该时刻关注社会发展的趋势与要求,预测未来社会对于人才的需求,主动适应现代产业链、产业群的发展和激烈的人才竞争。稳定和吸引高层次的管理人才与学科带头人,使高校管理和学科群体与国际接轨,优势不断延续与扩大,最大限度地提升学校综合办学实力,展示人才的魅力。

(三)构建长效工作机制

高校岗位设置与聘任管理工作,事关高校事业的长远发展,事关人才队伍建设的质量和水平,事关高校教职工的切身利益,因此是一项艰巨的任务,也是一项复杂的系统工程。理应构建长效工作机制,并随着时间、条件的变化而不断丰富、发展和完善。

第三节 高校人力资源招聘中的人才测评

21世纪国家间的竞争集中表现为人才的竞争。作为培养高层次人才的摇篮,高等学校也必将随着社会的发展卷入激烈的竞争之中。如何招聘到高素质的教师,使高等学校无论在教学、科研还是管理等领域都立于不败之地,乃是高等学校发展进程中的重中之重。随着高校扩招,高校的发展进入新的关键时期。高校要想成为人才培养的摇篮,其前提就是要有一大批高素质的教师人才。因为能否培养出符合社会需求的大学毕业生,在很大程度上依赖于高校教师的素质水平。加强教师队伍建设,是优化教师人员结构、提高教师队伍整体素质的紧迫任务。目前各高校纷纷扩大规模,高校教师队伍建设面临新的形势和挑战。如何通过人才测评技术选拔出优秀的高校教师,成了高校教师队伍建设的当务之急。

一、高校教师招聘工作的现状分析

当前许多高校为了谋求长远发展,竞相引进和聘用高层次、高素质人才。聘用人才的前提是判别哪些是本校真正需要的人才,然而,要全面、准确地了解一个人才绝非易事。在教师招聘中,我国许多高校的人力资源部门主要根据应聘者的学历、专业、毕业院校、行为表现等来推断其素质情况。对北京市多家高校的调查结果显示,超过七成的高校在招聘教师时使用面试的方法。面试的优点是可以根据应聘者对所提问题的回答,考察他们的知识面是否宽广,运用专业知识解决问题是否熟练,思维是否敏捷,应变能力是否强,口头表达是否流利等。还可以通过观察应聘者的行为和言语表现,考察他们的性格、情绪稳定性、工作态度以及为本校服务的意愿是否强烈等。但是,传统方式的面试是一种对应聘者素质依赖性较强的测评方式,主考官的水平、能力、素质、经验直接影响面试的质量,通过该种方式也只能简单了解人的外显行为、专业能力和浅层心理,对人的个性特点、素质结构和潜能却无法得知,故很难达到人才与岗位的最佳匹配,从而阻碍高校的发展。人力资源是一种具有主观能动性的重要资源,在实践中,只有把合适的人安置在合适的岗位,才能最大限度地发挥人力资源的潜能。要解决传统人力资源管理中遇到的这些问题,首先就要求高校的管理者要具有现代管理的思想和意识;其次在人力资源管理中要尽量采用科学的方法和手段。随着现代科技进步、经济和社会迅速发展,人才测评作为人力资源管理的一种有效工具,其重要性日益为人们所认识,人才测评在高校教师招聘中的作用日趋显现。

二、人才测评先进性的具体表现

所谓人才测评,是指综合运用心理学、管理学、测量学、系统论、行为科学和计算机技术等多学科的原理和方法,对社会各行各业所需人才的知识水平、能力结构、道德品格、个性特点以及职业倾向和发展潜力等多种素质进行测量和评价。科学地测评人才是一切人力资源工作的起点。人才测评作为选拔人才的重要手段,已越来越受到企事业单位和个人的重视。与传统的"识人"用人方法相比,人才测评的先进性主要表现在如下几方面。

(一)测评方式客观、公正

传统甄选方式多为主观性选择,只凭评价者自身的经验和识才水平,缺少标准化、客观化的方式和工具,使选才主观随意性大,缺乏科学性。这样的选才方式难免出现用人不当等问题。而人才测评技术是一种客观性选择,它采用的是科学方法。科学方法是指实践证明为准确、全面和方便的测量工具和评价方法。在同类同级岗位任职者的甄选中,人才测评技术运用心理测验的标准化方式,使被测试者均处在相同的测试方法、测试题目、测试环境以及相同的标准下进行测试和评价,因此,这一方式能真正体现"公开、平等、竞争、择优"的选才原则。

(二)评价结果准确、可靠

传统选才较常规的做法是看简历和档案,而个人简历和档案的内容多半是高度概括的主观评语,大都无法反映具体情况,也难以考察个人实际的素质能力和水平。就是传统的甄选考试也只是单方面考察应试者的某一方面的水平。而人才测评技术是针对某一"素质测评目标系"进行判断与衡量的。人的素质是由一系列素质测评目标组成的一个具有多向结构的目标"坐标系"来确定的。任何单方面的判断与衡量,都难以真实地把握其实质。人才测评注重考察人的实际能力、经验与业绩、潜在的智能水平、心理本质、职业倾向等,并注意所测内容的全面、完整和多元化,注意从多角度、多侧面去观察和评价一个人,最大限度地减小测评误差。人才测评作为一种科学的评价体系,可以为组织选人提供科学依据,使评价结果能准确地反映被测者的各方面素质水平。因此,运用测评技术不仅能发现优秀人才与奇缺人才,而且还能提供有关各人之长、短的信息,使用人单位能用人之长、避人之短,取长补短、优化组合。

(三)选才效率高

传统"伯乐相马"式选才仅是对单个人进行。而人才测评技术既可以对单个人进行评价,也可以在较大范围内对一群人同时进行测量与评价。目前,许多人才测评技术已经实现了人机一体化,在进行计算机测量时,许多人可同时进行,和传统的选才方式相比,选才效率大大提高。

三、人才测评在选拔高校教师中应用的理论和实践基础

(一)理论基础

人力资源管理工作的核心是人与岗位的匹配。这种匹配要求把个人素质与岗位的特征有机结合起来,从而获得理想的效果。在人员选拔过程中,选拔方式的选择很大程度上决定了人员选拔结果的好坏。在国内各企业界进行人才招聘与选拔时,大部分都采取人才测评的方式。目前高校也较多地使用人才测评技术。人才测评已经不是新的概念,它正在人力资源管理活动中发挥越来越重要的作用。目前人们耳熟能详的除了"人才测评"这一词语外,还有"人员测评""人员功能测评""人才素质测评""人才评价"等术语。它们与"人才测评"有着相同或相近的含义。本书中采取"人才测评"的概念。所谓人才测评,是通过多种科学、客观的方法,对人才的知识、能力、技能、个性特征、职业倾向、动机等特定素质进行测试与评价,以判定被试者与岗位、组织的匹配程度。现代人才测评的主

要内容是个人稳定的素质特点,一般包括能力、人格(如兴趣、动机、态度、品德、价值观等)、知识技能。另外,心理健康也是人才测评的内容之一。现代人才测评是对人才需求标准的变化而产生的一种新型人才鉴别、评价方法和技术,已逐渐为各企业所积极采纳和应用,在人才选拔、安置、培训、考核等人力资源管理的各个方面发挥积极作用。现代人才测评的作用概括起来有三个方面:第一,择优和汰劣作用;第二,减少用人失误的作用;第三,自我认识作用。目前国际上比较通用的人才测评工具主要有笔试(包括心理测验中的纸笔测验)、面试、情景模拟和评价中心技术以及计算机测评等。美国著名心理学家麦克利兰在其发表的《测量胜任特征而不是智力》一文中,对以往的智力和能力倾向测验进行了批评。他指出,学习成绩不能直接用于预测职业能否成功,智力和能力倾向测验并不能预测人们的职业成功或生活中的其他重要成就,主张用胜任特征评估代替智力、能力倾向测试。胜任特征描述为代表表层的特征和代表深层的胜任特征,其中代表表层的特征如知识、技能等,而代表深层的胜任特征如核心能力、社会角色、自我概念、特质和动机等。后者是决定人们的行为及表现的关键因素。在通常的素质评价中,一般比较关注技能和知识。但已有的应用研究发现,表现优秀的管理者和表现平平的管理者区别不大。然而,代表深层的胜任特征,则可以从社会角色、自我认知、特质和动机等方面,较好地区分优秀者和表现一般者。在高校教师选拔中,也可采纳胜任特征模型对教师的核心能力、社会角色、自我概念、特质和动机等进行测评。

(二)实践基础

高校对教师的需求量增大,这为人才测评技术的应用提供了必要性。目前高校人事部门对于人才测评技术也逐渐熟悉和重视起来。目前劳动力市场大多数行业和岗位供给大于需求,高校教师也是如此。高校教师岗位供大于求的现象为高校教师人才选拔中人才测评技术的实施提供了可能性。

四、目前人才测评在选拔高校教师中应用的现状

尽管高校在选拔教师时,都或多或少进行了人才测评,但仍不难看出,目前在高校教师选拔过程中,人才测评技术的使用仍存在着很多局限性,具体表现在以下几方面。

(一)选拔缺乏程序性

高校在教师选拔活动的程序、选拔结果的形成与公开、教师对选拔结果的反馈等方面均缺乏程序性规定,有些高校的招聘信息与招聘结果均未对社会公开,公众很难对高校招聘的具体情况和结果有所知晓。

(二)缺乏工作分析

工作分析是开展所有人力资源管理活动的基础,无论是选、育、用、留人,都必须建立在工作分析的基础上,高校教师岗位有其固有的特点,必须对其进行工作分析。

(三)选拔的维度过于单一

此方面表现在重学历多于重能力。目前所能见到的高校教师招聘启事上,几乎都对应工程聘者的学历条件和毕业院校有所要求,例如,必须是"硕士以上学历""211工程"院校"985工程"院校等。有的学校更是只录用名牌大学的博士生,这种过于看重学历及毕业院校的选拔模式,太过于武断和单一。

(四)测评形式比较单一

高校教师工作的性质要求对应聘者的专业素质、道德素质、能力等维度进行全方位的考核,而目前高校教师招聘中仅采用传统的面试加试讲(情景模拟中的一种),测评形式比较单一。

(五)心理测验尤其是心理健康测验使用较少

教师作为传道、授业、解惑的人群,不仅担当着传授给学生以知识的任务,在必要的时候还要充当学生的心灵导师。在当前,社会压力增大,大学生在就业压力大、学业压力大、情感困惑多的情况下,很容易出现心理不适甚至心理疾病,因此更要求教师具备良好的心理素质和健康的心理水平。但目前在高校教师选拔中,除了北京、上海等大城市外,其他中小城市较少使用心理健康测验。

五、加强人才测评在选拔高校教师中的应用

针对高校教师选拔中的这些现象,最好的解决办法是在各高校中逐渐建立健全人才测评系统,加强人才测评技术在选拔高校教师中的运用,使高校教师选拔更为科学、严谨、有效。加强人才测评在选拔高校教师中的应用,需要从以下几方面做起:

(1)提高人才测评技术的使用频率,使其成为选拔高校教师一个重要的辅助手段。

(2)对工作岗位进行全面分析,确定任职资格。高校只有通过工作分析,才能确定组织内部不同岗位需要具有哪些素质、特点的人才,可以判断出哪些人才适合哪些系部的需求,也才能确定招聘与选拔的标准,从而确定不同教师岗位的任职资格。

(3)确定高校教师选拔中的维度,如核心能力、社会角色、自我概念、特质和动机等维度,并选择恰当的测评工具对这些维度进行测评。运用测评工具,力求科学评价后备人才的综合素质。

(4)测评形式多样化。降低对面试的依赖性,将不同的测评手段,如评价中心技术、情景模拟、心理测验进行合理搭配、综合运用,以求最大限度地实现测评效果的优化。加大量化测评的力度,提高测评的科学性。

(5)测评程序规范化。研究制定与各专业教师特点相适应的测评操作规范和实施细则,严格按程序进行测评,提高测评的一致性和准确度。

(6)关注高校教师的心理健康水平,增加心理健康测验在人才测评中的使用频率。

社会的进步和经济发展水平的不断提高,对高校的期望也随之提高,相应要求对高校教师的管理意识和管理手段与时俱进,这也是符合事物动态的发展规律。我们期待借助科学的管理思想和先进的管理工具,使高校教师队伍建设得越来越好。

六、在高校教师招聘中运用人才测评的意义

高等教育的发展是人才、资源、制度等多种因素有效作用的结果。但在诸多因素中人是最活跃的因素,是高校长足发展的直接因素。因此,千方百计吸引高素质人才,按照高校自己的人才标准引进和招聘人才,正成为各高校追逐制高点的首要目标。通过对人才进行测评,不仅可以使高校更深入地了解人才素质,确保人才质量,而且也是尊重人才、重视人才的具体体现。在高校教师招聘中应用人才测评有着深远的意义。

(一)有助于高校发现真正适合从事教育的人才

用人贵在"善知",否则就会鱼目混珠,智愚难分。"善知"必须借助人才测评,才能对不同人的德、智、能、绩的实际水平有较为客观的了解和掌握。为确保高校的长远发展,必须有能够胜任并喜欢从事教育工作、具有很大发展潜力的人员,这便要依靠人才测评,让优秀的适合于从事教育的人才脱颖而出。借助人才测评,在对应聘者有了准确的把握后,高校便可以在应聘者和招聘(未来)岗位之间进行匹配比较,从而做出合理的、科学有效的招聘决策。

(二)有助于对高校未来的人才需求做出正确的预测

把人才测评应用在高校教师招聘中,不仅可以使高校为每个岗位选拔到合适的人才,以做到"人尽其才""才尽其用",从而最大限度地发挥人的创造性和能动性,提高决策的科学性,而且有助于高校的人力资源预测和配置。在一个学术梯队中,共同的事业不仅需要每位教师都具备优良的素质,同时更需要人才素质结构的合理组合。通过人才测评能全面了解教师的潜在能力、心理潜能和职业倾向素质等,加深对教师内在发展潜力的认识,预测教师未来的发展情况,从而更好地为教师梯队的配备和建设制定政策,建立起一支高功能、高效率的师资队伍。"世界上不存在完美的人,但可能存在完美的团队。"这是管理学界普遍认同的一个观点,一个完美团队的特点是人尽其才、各司其职、各显其能、全力配合。通过人才测评,预测人的内在潜力可以为组建完美的师资队伍、配备优秀的教师梯队提供可靠依据。

(三)有助于避免经验管理造成的失误

中国有句古语:"知人善任。"人才测评在人力资源管理中正是解决"知人"的问题。从现代管理学观念看,企事业录用员工可以看作是在购进特殊的生产资源——人力资源。既然是购进生产资源,就涉及质量检测,人才测评技术正是检测人力资源品质的可靠工具,它可以最大限度地为高校把好"进人关"提供科学依据。

总之,人才测评技术的应用实现了人才识别从依靠经验到依靠科学,从观察表象到内审潜质,从评价现在到预测未来的全方位转变。值得一提的是,目前人才测评在我国还处于初级阶段。测试人的综合素质和专业水平有待进一步提高,测评工具有待进一步完善。对于高校而言,在使用这个工具的时候要慎重,最好是在专业咨询公司的帮助下,结合本校实际,如职位情况、师资队伍总体情况及学校的发展方向等,科学地使用测评工具。这样才能使其在高校教师的招聘中充分发挥作用,增强高校的竞争实力和实现高校的长足发展。

第六章 高校人力资源管理信息化系统解决方案

第一节 高校人力资源管理信息化系统建设内容

高校人力资源信息化系统解决方案对理顺人力资源管理流程、优化人力资源配置、提高人力资源管理效率和水平等方面具有重要的意义。信息化系统建设任务包括一系列软硬件系统的搭建、应用及升级维护。为了优化人力资源信息化管理,实现高效率的人力资源信息化管理模式,高校人力资源管理部门应该结合高校自身发展任务和人力资源信息现状,从管理理念、管理组织、管理方式、使用权限等方面入手,建立健全的高校人力资源管理信息化系统总体规划。总体规划应该保证人力资源管理信息系统提供的机构与人员基础信息,能够与高校财务、教务、科研等系统进行集成,实现各系统间的互联互通,数据共享,为人事业务的延伸与高效协同打下良好的基础,推进后期一体化数字化校园的全面应用。

基于上述总体规划,高校人力资源信息化系统的具体建设内容应该包括如下方面。

一、建立全校统一的人员信息平台

建设人事信息数据中心,多部门分工维护,共享应用,将人员信息由分散管理转变为集中管理。信息系统涵盖组织与人员的各类信息及相关指标、代码,要规范信息标准和统计口径,精细化管理各类人员,形成统一的多类型、多层级组织架构的全员数据库,实现内部人事信息的高度统一和共享。

各院系、部门按分工进行相应的业务应用,各自维护分管信息,或实现信息系统间的集成应用,使信息动态更新、增量积累,完整记录教职工等各类人员职业生涯全部信息,实现对人员信息全面、准确、动态的管理。

二、建立规范透明的招聘体系

系统需要基于岗位需求实现从招聘方案制定、岗位信息发布、应聘材料提交、应聘人员资格审查，到考试、考察、体检公示、聘用报到的公开招聘的全过程管理。同时具有与后台保持联系的招聘门户网站，应聘者能够通过招聘门户填写、投递简历，保证程序规范信息的公开。系统需要具备招聘流程的自定义能力，网站能够针对不同招聘类型的人员定义不同的招聘流程，系统还要具有考务管理的功能，对需要进行笔试的应聘者进行笔试安排与成绩管理。同时系统要具有强大的权限分配功能，能够清晰地界定应聘者、用人单位、招聘负责人的权责，保证公平、公正、公开。另外，在系统中要能够与招聘单位、应聘者等进行互动，实现用人单位、招聘负责人、应聘者、面试官之间的有效沟通。

三、实现高效便捷的调资功能

在系统的薪资管理模块中，可自定义各种薪资标准、工资项目及计算公式，以此来满足复杂的工资政策。同时能够根据不同人员类别，实现对多种用工形式人员的工资管理，分情况来自动完成各种调资业务，包括确定工资、转正定级、职务晋升、年度升档、工资套改、调整标准、离退休等。

当需要进行调整作业时，只要使用预先定义好的调资模板，系统即可根据基础数据信息自动检索出符合调资条件的人员，调用预置好的规则与标准，自动计算出变化后的职务工资、薪级工资等，并且调资计算后可批量输出打印工资变动审批表和调资花名册，便于应用与存档。这样，工资调整就不再需要查阅相关的标准表和文件规定，达到节省时间、减少差错和提高效率的目的。

四、建立规范的人事业务流程

系统可灵活定义各类人事业务审批流程，如人事调配、职称晋升、合同签订、鉴定考核等人事业务，通过信息化手段，变传统的纸质递送为流畅的网上审批。通过手机短信、邮件、移动应用、待办等方式自动提醒相关人员，可随时监控审批状态，并且在流程结束后自动记录流程所产生的结果信息，避免手工维护带来的信息滞后、失真等问题。

同时，针对岗位或部门间的协同作业，能够根据前置业务流程自动触发相关业务，如员工入职流程结束后自动触发合同签署、工资核定等业务流程，以此来规范各项业务的衔接，使责权更加清晰，提高工作的协同效率和水平，避免推诿扯皮。

五、建立公平、公正、公开的职称管理体系

通过建立职称管理平台，职称工作的申报、审核、公示、外审等环节可在网上实现。通过系统记录各级评审结果并形成相应的汇总表，最终评聘结果经审核

无误后,入人事信息库。系统保存每年的申报和评审记录,可对评聘历史情况进行查询,如当年各申报人材料、是否通过等。

职称工作的核心是各科室的材料审核协同,职工在线填报职称评审材料,其系统中所具有的信息应能够自动提取出来,避免职工的重复录入工作,但这个过程需要与科研、教务等信息系统进行数据交换,保证人事系统内职工相关的论文、科研成果等信息的完备。另外,针对专家评审也应具有简便易用的网上评审平台,专家登录平台后即可了解申报人的相关材料及材料审核结果,便于专家做出公平、公正的评价。

六、构建全方位的考核评价与反馈体系

灵活的考核体系支持年度考核、聘期考核、民主测评等多种考核评价形式,支撑学校在平时、年度、聘期等不同周期内灵活设置考核指标与评分权重。针对管理、专业技术等不同类别人员,制定差异化的考核方案,通过自助平台打分、云端应用等多种评分采集形式,满足学校多种考核要求。

系统可将考核结果及时反馈给教职工,帮助其发现问题、改进绩效,同时支持教职工的考核申诉,使绩效管理落到实处。另外,多角度、立体的考核结果分析,可以为人才培养、干部选拔等提供可靠的数据支持。

七、提供便捷的在线自助服务体验

对学校的人力资源管理来说,基于自助平台的应用,使传统的一对一服务方式转变为系统的多线程作业,能够大幅度降低管理成本,提高工作效率和管理水平。通过自助平台,教职工可在权限范围内查看相应的人事制度,参与满意度调查等各种网上调查;查看个人信息、工资条、考核信息、请假信息等;在线办理职称申报、请假、因公出差,打印各种证明,考评打分,绩效反馈等业务。打破时间、空间的限制,为教职工提供一个更灵活的参与方式,提高教职工的参与度和满意率。

学校各级领导可以通过决策支持平台及时获得准确的学校组织与人员的情况信息,如人员编制、异动情况、人员结构、考核情况、工资福利成本与发放情况及进行各种信息的组合分析,通过直观的信息统计和动态报表功能,充分掌控当前的人力资源管理情况,做出科学、合理的决策。

八、实现与校内外其他系统的应用集成

按照统一标准,人事系统提供的机构与人员基础信息,能够与教育部教师系统、校内办公系统、财务、教务、科研等系统进行集成应用,实现各系统间的互联

互通,数据共享,为人事业务的延伸与高效协同打下良好的基础,逐步完善学校的一体化数字化校园的全面应用。

第二节　高校人力资源管理信息化系统设计思路

按照高校信息化发展路径的整体规划,充分考虑人力资源管理业务的需求,建立一个信息共享、流程优化的人力资源信息管理系统。在实施过程中要通过系统固化先进的管理理念,使各项管理政策落地,简化现行人力资源管理过程中的繁杂流程,达到提升人力资源工作效率并使先进的管理方法落地的目的。

一、平台搭建

(1)搭建基础数据平台:实现信息的高度共享和安全管理,为全方位、多层次地掌握全体人员的信息奠定基础。

(2)搭建具体业务平台:通过专业的人力信息管理系统,优化管理流程,提高人员信息管理、统计查询和工资核算等人力资源工作的数据处理速度,提高工作的准确性和有效性。同时在系统建设过程中充分考虑管理的统一性和独立性,既要实现各单位之间共用统一的信息平台,又要实现各单位人力资源系统的单独管理,体现各单位业务流程和管理模式的差异化。

(3)搭建决策支持平台:强大的查询和统计分析功能,内嵌人力资源常规的分析报表和工具,实现对组织架构、人员信息等的实时查询和统计分析,为各层级人力资源管理提供智能决策工具。

二、后台管理

一体化的人力资源管理信息系统,能有效地整合人事管理工作的各项流程,将人员信息由分散管理转变为集中管理,完整地记录教职工职业生涯全部信息,实现对人员信息全面、准确、动态的管理。构建高校"信息共享、业务协同、流程优化、决策支持"的人力资源管理信息化平台,最大限度地提高人事业务的处理效率和质量,降低出错率。

高校 E-HR 系统通常会涉及教职工招聘、选拔、聘用、考核、调配、职称评审、晋升、离校、退休的全生命周期管理,不同的后台管理模块完成相应的管理功能,如招聘管理、组织机构、人员调配、自助服务等业务模块,各个模块之间也是相互关联的。

第三节　高校人力资源管理信息化系统顶层设计要素

如何保障人力资源管理信息系统有效实施并得到广泛应用,系统的顶层设计是关键环节。基于现有的人力资源管理信息系统开发和使用现状,顶层设计大致分为以下六大要素。

一、服务对象

高校人力资源管理信息系统面向的最直接的服务对象是教师、行政管理人员、校领导和系统维护人员。传统信息系统的设计着重从管理的角度来进行功能模块的划分。使用者进入系统界面,需要找到拟办理业务方可进行办理,无形中为使用者增加了不必要的操作,带来一定不便。从使用者角度出发,应根据不同角色的不同业务需求,将多个业务、跨业务的各种流程进行全面整合,按面向对象进行服务的集成,智能化地为用户提供各类信息和服务。随着人力资源管理外延的不断扩大,未来的人力资源系统不仅要服务于组织内部的所有人员,也要服务于组织外部的相关人员;不仅要满足服务对象的信息检索、信息共享需求,也要满足服务对象的业务参与、互动交流等需求。组织内部服务主要包括中高层领导的决策支持、中层管理人员的业务互动、教职工的信息获取等。组织外部服务主要包括应聘人员的信息采集与互动、顾问人员的信息共享、上级或政府机构的信息获取等。

二、业务需求

人力资源管理涉及高校很多核心的管理内容,尤其是薪酬管理、绩效管理、职称晋升等,影响着每个人的切身利益。因此,系统规划时必须设计合理的业务范围和需求内容,需要结合各高校的实际环境、状态、发展目标等进行合理规划,避免盲目追求所谓先进的管理理念以及全面的业务应用推广。建议人力资源系统顶层规划涉及全面并具有前瞻性,实施步骤则可以分为多个阶段。如:第一阶段是实现人力资源管理者的效率提升,通过实施人员全生命周期的大数据建设,实现信息的动态统计分析、信息共享,以及工资核算、合同处理、保险福利、报表统计等的自动化处理,提升工作效率和准确性。第二阶段是完成面向全员的动态服务和业务流程网络化,满足不同服务对象的信息获取、业务参与需求,提升日常运营效率。第三阶段则是以人才评估、培养、考核、发展为主线,通过实施能力素质、职业生涯、培训发展、绩效管理等体系,实现系统化、科学化、协同化的人才资源管理。

三、部署模式

目前,高校实施人力资源管理系统一般有两种模式,一是各级单位根据自己的需要自行实施系统,二是高校统一规划、统一实施。前者能够满足下级单位的个性需求,与实际业务结合紧密,实用性较强,通常能够长期保障应用;后者则可以满足高校部门协同、信息共享、规范标准、有序控制的要求,但下级单位的实际业务需求满足度较差,会导致应用不充分,甚至出现为应付上级要求临时性更新维护数据的情况。

高校人力资源管理信息化,不同于财务、科研等具有高度标准化、流程化、规范化的管理信息化业务,需要与不同领域、不同规模、不同阶段、不同目标等高校实际情况相结合,灵活调整、适应甚至是驱动其他业务发展。因此对于高校而言,不建议盲目追求系统的完全统一化和规范化。建议高校在规划人力资源信息系统时,首先分析自己的业务管控模式和范围,同时综合考虑人力资源涉及的其他管控体系。人力资源信息系统重点是信息数据的集中管理,具体的业务规则如考勤、绩效等应由二级单位个性化管理,系统的部署方式可以采用数据集中、业务分布的模式,即统一人力信息的指标、代码、结构等基本标准规范,各个单位可以分别部署子系统,实现个性化的业务管理需求。学校和二级单位的服务器之间部署数据同步程序,下属单位的人力数据随时或定时同步给学校数据中心,学校可以自动监控二级单位的各种人力资源状态,满足学校宏观管控的需求。

四、安全方案

随着云技术的快速发展,管理信息系统的云应用越来越多,那么人力资源管理系统到底是否适合云部署应用,或者说人力资源管理的哪些业务可以采用云部署呢?建议在系统规划的时候,能够从信息整体规划、安全保密、集成应用、信息技术基础、长期应用成本等多个维度进行分析,切不可盲目追求"云时髦"。有人说,云就是未来,钱都可以存在银行,那么管理信息系统也完全可以放在云上。但钱是属于通用流通性的,假若存在银行序号是123的钱币,取用时银行给出序号345的钱币,一样保障应用,而系统则属于私用性,信息数据是不能被更换的。信息技术基础设施是具有通用共享性的,而管理信息系统则必须保障个性化应用以及私密性。因此,是否进行云部署,取决于各单位的安全保密要求,以及信息技术基础设施情况。目前很多单位已经建立了自己的信息技术网络系统,甚至有自己的私有云网络系统,这些系统也需要承载管理应用才能发挥价值,是不需要再额外增加基础建设成本的。相反如果放到云上,则相当于自己修的路不走,反而去交钱租用别人的设施。在安全性上,组织架构、薪资数据、核心人才信息等是组织的核心机密,往往是在自己的系统上才能更好地保障其安全(不仅是物理的安全,也有心理的安全与职责的安全)。因此,也有人提出,人力资源系统的核心业务适合本地化部署,至于边缘业务,如性格测评、360评估、外部招聘等可以采用云模式部署。

五、响应模式

人力资源管理信息系统目前主要有三种实现方式:一是选择专业化的信息管理软件产品,结合自己的实际业务,以配置为主、开发为辅的方式实现;二是自己整理需求,委托本单位的信息技术中心或者外部的计算机开发人员进行专项开发实现;三是在实施财务、供应链等其他系统时,选择 ERP(Enterprise Resurce Planning)为主厂商的人力资源子模块来实现。三种方式各有利弊,主要是看顶层规划时对人力系统的定位。对于战略目标实现主要依靠人力资源的组织而言,如科技型、现代服务型组织,人力资源管理是最核心的管理内容,采用专业化的人力资源产品是优先推荐的方式,这样能够保障人力资源管理的专业性、发展性,也能体现以人为主线的管理体系应用。对于劳动密集型的制造、连锁流通企业,设备或供应链管理是最为核心的,优先推荐采用 ERP 系统中的人力资源子模块来实现基础人力资源事务性管理的信息化需求,同时为制造或供应链的效率提升提供基础的人力保障。对于一些管理非常固化,同时个性化需求又非常突出的企业,优先推荐专项开发来实现,保障需求的满足度和个性化的易用性。从趋势上来看,目前人力资源管理理念和体系越来越专业化,采用专业厂商的专业化软件产品已经越来越成为高校人力资源管理的共同选择。

人力资源管理的主要特点是管理模式、规则、体系等要随着组织的规模、阶段、业务、理念等随时、经常变化,那么人力资源管理系统规划必须考虑长期可应用性,如何及时响应变化就成为非常重要的内容。如 E-HR 专业化软件产品基本都是平台化的系统,满足不具备信息技术能力的人力资源管理者通过配置实现业务的要求,基本上不需再开发即可响应。同时,E-HR 专业化软件产品厂商也始终在研究信息技术和管理业务的发展变化及趋势,一直对产品进行更新升级,绝大部分用户的需求调整、架构变化等都可以通过升级的方式来实现,既能够满足人力资源业务调整的需要,又能低成本保障系统的长期应用。

六、技术路线

目前,管理信息系统主要有两大技术体系,一是基于 JAVA 语言开发、J2EE

架构的系统,二是基于.net语言开发的系统。二者在最终的业务实现上基本没有区别,都能够比较好地实现人力资源管理的业务需求,同时.net的界面通常更为鲜活一些。但是从发展趋势以及架构的开放性、安全性、大数据可靠性等方面来看,越来越多的大系统和管理系统都倾向于JAVA开发,典型的是银行、电力、电信等行业的管理信息系统,基本上都是只采用JAVA技术。因此建议在规划技术路线时,主要参考高校的其他信息系统的技术,为了集成应用,以及技术能力的一致性,尽量使各个业务系统的技术路线保持一致。在选型的时候,由信息管理部门把关,实行一票否决制,也就是说在基础的技术路线方面执行信息管理部门的要求,在业务应用和需求满足度上则由人力资源部门主导。一般推荐成规模的企事业单位采用JAVA技术路线,以保障系统的开放性、灵活性以及先进性。

信息系统建设过程中,顶层设计是最关键的环节,尤其是对于变化性比较频繁的人力资源管理系统,上述六项内容是顶层设计的关键要素,是需要在项目规划时首先明确的内容,也是保证现人力资源管理系统建设水平的关键。

第四节 关键要素实施方案

一、部署模式

通常,E-HR系统的部署模式包括业务平台和自助平台两种,具有部署拓扑结构。

结合目前高校人力资源管理信息化现状,建议采用"统一规划、分步实施、突出重点、逐步完善"的建设思路,根据实际情况分阶段部署实施。

(1)第一阶段:信息共享,提高效率。国务院"双一流"大学的建设方案对高校的行政管理提出了新的要求,高校的行政体系必须能够充分为高校人才培养和科学研究服务,因此必须实现行政机构整体的功能化和扁平化。为实现对高校组织机构和岗位的有效管理,同时满足组织机构不断变化的需求,信息化系统需要通过实现组织机构树、图、表的信息查询分析,对组织机构进行设计和适时调整,满足日常管理工作需要。

(2)第二阶段:招聘培养,人才保障。招聘系统需要能够与组织机构和岗位编制相结合,实现基于岗位或专业的招聘需求申报与招聘计划制订;提供灵活可配置的工具,对应聘者简历的筛选、笔试、面试及背景调查等环节提供全面的支持,保证最合适的人选得到录用;能够实现与人员配置的有机集成,录用人员的信息在入职流程中能够被平滑引用,有效地减少重复录入;具有强大的人员简历库管理功能,完整保存学校需要的简历信息,作为学校新增人才的储备。同时需要系统提供对招聘渠道、招聘过程以及招聘绩效等多角度的评估与分析,为学校招聘管理工作的改进与优化提供有力的技术支持。

(3)第三阶段:规范业务,统一管理。建立 E‐HR 信息系统可以消除手工作业中的分散、隔离、盲目等现象,实现各管理功能的关联,保证信息共享,促使流程规范化,从而使各项人力资源管理职能在实际运用中得到衔接。一套合理而完善的信息化人力资源管理,还将给人力资源管理者带来另外一个好处,即规范业务,简化流程;数据库将完整、准确地记录单位所有员工的人事、考勤、绩效、培训、薪资、福利等各方面信息,系统能快捷、方便地获取各种统计分析报告,为高校管理与决策提供准确、全面、及时的人力资源信息支持。

二、安全方案

(1)身份认证。系统通常可以提供两种身份认证方式:一种是用户名口令方式;另一种是电子身份认证锁方式,可以结合第三方电子身份认证系统。电子身份认证锁是一种通过 USB 接口与计算机相连的硬件设备,内置微型 CPU 和存储器。它作为数字证书的载体,可预置密钥或存入数字证书,来确认用户身份。

(2)数据传输。采用 128 位安全套接层(Secure Sockets Layer,SSL)安全隧道技术确保信息安全。SSL 协议是 Netscape 公司 1995 年推出的一种安全通信协议。SSL 协议提供了两台计算机之间的安全连接,对整个会话进行了加密,从而保证了安全传输。

(3)存取控制。系统应可以定义用户的功能范围及数据管理范围,包括应用库、表、指标、资源(统计报表、登记表、常用花名册等)以及记录授权。

(4)IP 地址过滤。系统应可以单独或分段设置能够登录人力资源系统的机器,限制机器访问系统。

(5)分布式多级授权机制。对于大面积的应用,如果权限分配职责都由上级单位的系统管理员承担,必然会给其造成很大的工作负荷。系统应能提供分布式授权机制,仅给直接下级授权,隔级不用考虑;支持角色定义,支持多级分布授权,可以根据业务范围划分不同的角色,用户可以挂接多个角色。

(6)操作日志。系统应能提供针对用户访问数据的操作监视和统计,根据用户身份和应用活动进行审计,记录用户访问数据的时间、地点、内容。

(7)数据库安全性。充分利用数据库提供的安全机制,在数据库备份、数据库恢复方面支持多种方法,包括数据库日志备份、事务备份、数据库自动备份、灾难恢复等内容。在数据意外删除、更改或者外界原因(物理或操作系统原因)导致系统操作出现异常时,应能够快速恢复数据库,保证用户数据能够正常使用。

(8)物理安全。由于人力资源管理的特殊性,系统应严格实行内外网隔离措施。在内部网与外部网之间,设置防火墙实现内外网的隔离与访问控制是保护内部网安全的最主要也是最有效、最经济的措施之一。

(9)病毒防范。为保障系统安全,应建立多层次分级的病毒防卫体系。

(10)完善安全管理制度。在系统的应用过程中应建立完善的安全管理制度,并严格执行,从而增强数据的安全性。

三、技术路线

1.对接现有平台,实现跨平台应用

E-HR 系统为 B/S 架构,采用 J2EE 技术提供的一个基于组件的方法来设计、开发、装配和部署应用程序,能够支持跨平台应用,可在高校已有平台进行二次开发,并能实现和已有平台的无缝对接。支持 UNIX、Linux、Windows 等操作系统;支持 oracle、MSSQL 等数据库;支持多种中间件产品,包括 oracle Web Logic、IBM Web Sphere、Tomcat 等。

2.遵循业界开放标准及协议

系统的设计和开发遵循信息技术业界的开放标准及协议,选择比较成熟的信息技术。其中主要采用的开放标准、协议和信息技术如下:

(1)用于 HTTP 服务器等 Web 信息交互的 HTTP、HTTPS 协议。

(2)用于 Web 信息规范的 HTML5、XML、DHTML。

(3)用于跨平台 JAVA 解决方案的 J2EE。

(4)用于 Web 商务集成的 Web 服务(Web Services)。

3.采用灵活的多层应用架构

系统基于 B/S/S 的 J2EE 分层结构,实现应用分层部署,通过中间件的负载平衡、动态伸缩等集群技术提高并发处理能力,为关键业务建立相对最佳的运行环境。

以 Browser(浏览器)为核心的用户端程序,实现真正意义上的"零维护",从而使业务软件的更新、发布和维护更为便捷。

4.开放的、可扩展的应用

在设计的过程中,应充分考虑系统的开放性和可扩展性,支持各种常用的导入导出功能。采用基于框架的组件化设计,当出现新的业务时,只需添加新的业务组件即可。中间件具有动态负载均衡能力,可支持硬件系统性能升级与数量扩充。通过增加服务器,利用服务器集群间的负载均衡,满足并发访问用户数的增长。

5. 组件化开发

随着多层结构应用的日益流行,基于组件对象的开发技术也日趋成熟,组件作为集中处理各种复杂业务逻辑的应用单元,大大提高了软件的开发效率。因为它具有更强的独立性,所以可以更好地支持软件重用。软件重用可使软件效率得到大幅提升,软件开发和维护费用降低,软件系统的互操作性增强,同时可以生产更加标准化的软件。

6. 基于 PKI 的保密与安全认证

公开密钥基础设施(Public Key Infrastructure,PKI)能够保证在信息处理过程中实现身份认证、安全传输、不可否认性、数据完整性。对文档安全/数据传输安全是完全基于 PKI 体系的,采用灵活的加密体系,可以根据需要外挂不同的加密算法,以符合保密要求。安全认证接口保证系统可与现有或将来建设的 CA 中心连接进行认证工作。

7. 面向服务的体系结构

面向服务的体系结构(Service Oriented Architecture,SOA)是一个组件模型,它将应用程序的不同功能单元(称为服务),通过这些服务之间定义良好的接口和契约联系起来。接口采用中立的方式进行定义,它应该独立于实现服务的硬件平台、操作系统和编程语言。这使得构建在各种各样的系统中的服务能够以统一和通用的方式进行交互。面向服务的体系结构所带来的好处包括:从现有的资源中获取价值,更利于集成和管理复杂性,具有更快的响应和开发速度,减少成本和增加重用。

8. 应用集成技术

信息化建设的不断深入,使信息系统之间的信息共享越来越受到重视。为达到信息交换与共享,提高高校各部门之间的协同能力,应用集成技术成为当今信息化建设的一种重要手段与技术基础。应用集成的核心是一组开发工具,可以生成用于连接不同应用系统的组件,通过这些组件对应用系统进行再构造,形成一个更强大的系统。

应用集成系统由以下几部分组成:开发套件、运行平台和应用集成连接组件。应用集成系统的开发套件有两个功能:开发应用集成连接组件和部署应用集成连接组件。开发套件通过其中的工具分别对连接组件的输入、输出端、对应关系和处理要求进行描述,开发组件根据这些描述,运用已有的基本模板,生成专用的应用集成连接组件,并通过部署工具将应用连接组件部署到运行平台。

9. Web Service

Web Service 是基于网络的、分布式的模块化组件,它执行特定的任务,遵守具体的技术规范,这些规范使得 Web Service 能与其他兼容的组件进行互操作。Web Service 采用 XML 作为消息交换的格式,利用互联网上的通用传输协议(如 HTTP),提供标准的服务接口调用的方法,为用户提供灵活、方便、强大的 Web 服务。Web Service 涉及的主要技术有 SOAP(Simple Object Access protocol)、WSDL(Web Service Description Language)和 UDDI(Universal Description, Discovery and Integration)。

Web Service 的最大贡献是提供了 SOA 的最佳实现,SOA 鼓励以一种松散耦合的、可管理的方式构建信息系统,因为这种思想能够有效改进软件系统的可维护性和持续改进能力,所以 SOA 与 MDA 称为未来软件领域最重要的技术。

人事系统将 Web Service 作为系统集成接口的主要实现方式,此外它也是本系统数据交换引擎的辅助实现方式。

第五节 运行环境与系统解决方案

一、运行环境

(一)软件技术要求

(1)用户机操作系统:Windows9x/WindowsNT4.0SP6/Windows XP/Windows2000,任选。

(2)用户机浏览器:IE6.0 及以上版本。

(3)数据库:MSSQLServer2000/MSSQLServer2005/MSSQLServer2008＞oracle》DB28.0 及以上任选。

(4)Web 服务器操作系统:Windows2000SP2/WindowsServer2003/Linux/UNlX,任选。

(5)数据库服务器操作系统:Windows2000SP2/WindowsServer2003/Linux/UNIX,任选。

(6)Web 服务器:Tomcat5.0 及以上,并且支持符合 J2EE 规范(支持 JSP2.0 和 Servlet2.4)的其他应用服务器,oracleWeblogic9.0 及以上、IBMWebshpere6.1 及以上、JBOSS4.0 及以上任选。

(7)开发工具及技术:Eclipse3.1。

(二)硬件技术要求

(1)用户机(采用一般的 PC 即可)。

(2)最低配置:CPU 为 PⅡ400 以上,512MB 内存,1GB 以上硬盘空间。

(3)推荐配置:CPU 为 PⅢ800 以上,768MB 内存,3GB 以上硬盘空间。

(4)服务器:对于一般人数在 2 000 人以内的高校可以用一台 IBMSystemx3850X5 或者相同配置的服务器,该服务器作为数据库服务器,同时作为应用服务器。对于人员较多的高校,如果涉及教职工自助服务,可以考虑使用两台服务器:一台作为数据库服务器,另一台作为应用服务器,并可以互为备份。

(三)网络环境要求

系统在设计之初就考虑到网络传输对应用性能的影响,BS 结构的应用采用 Ajax、数据分段提取分段传输的方法,减少无用的数据传输,保证网络上传输的数据包尽量小。建议将数据库服务器、Web 服务器以及应用服务器尽量连接在高速网络中,避免由于网络原因造成服务器的性能瓶颈。提供给本系统使用的宽带、广域网连接建议采用 DDN、帧中继或 ADSL 等(512KB 为最低选择,建议带宽 2MB)专线接入,带宽越宽,远程用户的应用效果就越好。

二、系统解决方案

高校人力资源管理信息化并不是由某单一的信息系统能够独立完成的,需要各个领域的信息系统协同运作,共同支撑业务运营。因此,数据和应用层面的集成是衡量一个系统能否和其他系统共同承担信息化工作的一个重要标准。

人力资源信息系统中维护的是高校数据中教师的各种信息,人力资源系统中的组织机构、岗位和人员基本信息是高校信息化的基础,同时职称评定、绩效考核用到的数据可能来自于其他科研、教务等业务系统。因此 E-HR 系统最好能基于业内流行的 SOA 架构模式,本着以服务为导向的软件设计思想,提供多种标准接口技术,为用户提供全方位的接口服务,与各高校信息化中的其他应用系统在数据和应用层面上达到信息共享、协同运作的目标。

在构建人力资源信息化系统的过程中,越来越多的用户意识到,在不同的发展时期,人力资源管理制度政策等业务需求也不同,这要求 E-HR 软件平台具备灵活应变的能力,从而应对业务需求的快速变化。从业务需求角度而言,人力资源软件不像财务软件具备可遵循的业内标准规范,不同高校之间的业务需求差异较大,客观上为软件研发的通用性造成相当大的困难。E-HR 系统研发应参照 721(标准产品满足 70% 的需求,参数化配置满足 20%,10% 进行二次研发)原则,按平台化思想进行开发,采用参数化配置应对需求差异。系统工具平台应预置充足的应用开发组件,提供标准可配置的接口规范,把个性化研发代码集成到 E-HR 平台,可以极大地缩短开发周期、提高研发效率和降低开发成本。

E-HR 系统应具备以下常用功能：

(1)支持用户单点登录。在高校统一门户上建立 E-HR 自助服务平台或业务平台链接。在登录时,高校统一门户可以把用户名和密码传给 E-HR 系统,用户名和密码可以采用或不采用 DES 算法加密,视用户要求决定。

(2)支持用户对 E-HR 部分功能的调用。主要用于解决高校门户或其他应用与应用之间的页面功能集成(即高校门户或其他应用内嵌应用的页面)。提供两种嵌入方式:一种是单独的链接,另一种是网页超链接后通过 E-HR 系统的加密用户名及口令进行访问。

(3)支持用户对 E-HR 系统部分数据的调用。E-HR 系统应提供定时触发方式将机构、人员、岗位的变动信息或者当前信息同步到中间表中,可以供其他系统访问,或者通过 Web Service 得到相应的变动信息。

(4)支持用户开发考勤机接口。E-HR 系统应提供用户开发考勤机接口,实现与考勤机刷卡数据文件的对接。

(5)支持短信接口。为使 E-HR 系统在 Windows 及 Linux 平台都可以使用短信猫(池)发送短信,E-HR 系统可利用第三方组件 SMSLIB 实现短信猫(池)的发送短信功能。

(6)支持组织机构、岗位以及人员基本信息与其他系统同步接口。E-HR 系统可通过存储过程,实现与其他系统数据同步。

(7)支持人力资源系统的待办与办公系统或门户中的待办集成。当人事异动、绩效、工资审批、请假、公出、加班申请产生待办时,E-HR 应能够将待办信息推送到其他系统中,以完成待办信息的集成。在用户处理完待办信息后,E-HR 系统调用其他系统提供的接口更改待办信息的状态,这样其他系统就可以不显示已办信息。

(8)支持与邮件系统集成接口。E-HR 系统需要提供与邮箱服务器的集成接口,利用此接口,E-HR 系统可以直接利用邮箱服务器发送各类提醒事项的邮件。例如:①人事异动待办提醒;②预警提醒;③生成随机密码通知、密码到期提醒;④发送工资条;⑤工资发放审批提醒;⑥日志报批审批提醒。

(9)人事信息支撑平台。人事信息支撑平台可以采用 Web Service 技术实现,为其他应用系统提供人员和组织机构的基本信息的各种查询服务以及人事信息更新服务。例如,获得用户的姓名、所在部门、工作年限等,也可以查询部门的信息,如部门列表和指定部门里的用户列表等。当数据有变化时,通过 Web Service 接口及时通知其他应用系统,取得变化后的数据,就可以实现基础数据实时同步;可以实现与办公系统、财务以及 LDAP 目录服务的无缝集成。

（10）功能网页集成。主要用于解决单位门户或其他应用系统与人力资源管理信息系统应用之间的页面集成（即在单位门户或其他应用内嵌入人力资源管理信息系统应用的页面）。嵌入页面有两种途径：①单独的链接，发布至中心其他应用之中；②通过 iframe 直接嵌入学校门户（相当于待办事宜列表）。

（11）开放的应用集成平台，提升整体集成度。应用集成平台可以支持面向服务的体系架构，能够支持用户调用人力资源管理信息系统软件的一些标准程序，进行部分新功能的二次开发。利用此平台，将在很大程度上提高学校使用人力资源管理信息系统的满意度，增加学校信息系统的黏合度。

第七章 高校人力资源规划

第一节 高校人力资源规划的内涵

任何一个组织要实现自己的目标、使命和价值追求,必须在未来的不同时期都具有数量合适、质量恰当、结构合理的人力资源,高校也不例外。高校的一个重要职能是为社会培养人才,不同类型的高校为社会培养出不同类型的人才,高校人力资源是培养未来人才的基础。因此,高校中最关键、最重要的组成部分是人力资源,它是高校内最能创造出价值的部分,同时对提高高校教学质量、提升高校科学研究水平、促进高校的发展起着关键性作用,对国家社会经济的发展起着基础性、战略性作用。因此,认真搞好高校人力资源战略规划具有重要的理论意义和现实意义。只有基于高校战略的人力资源管理,才能更好地实现高校的战略目标。因此,人力资源管理日益成为高校战略成功的重要保障。

高校人力资源是高等学校的核心竞争力,高等学校的人力资源战略规划与学校事业发展战略规划紧密相关,既取决于学校的发展战略,又服务于学校的发展战略。高校人力资源规划可以促进高校人力资源供求平衡,为高校实现战略目标提供人力资源保障。人力资源规划作为人力资源管理的核心环节,为人才招聘、教职工培训等具体活动提供了蓝图。

一、高校人力资源规划的概念

高校人力资源规划,是指高校根据发展战略、办学目标及高校内外部环境的变化,预测未来高校组织的任务和高校经营管理环境变化对高校提出的各种要求。在提供人力资源完成高校发展使命和满足高校发展要求时,需要考虑学校在未来教育、教学、科研、运营管理中人力资源的供求状况,继而制订相应的政策和措施,以确保高校能在不同时间和不同岗位上获得所需的人才,同时充分满足高校和教职工的长远利益。高校人力资源规划,一方面,需要满足不断变化的高校经营管理环境对人力资源的需求;另一方面,需要最大限度地开发和利用高校现有的人力资源,使高校、教师都得到最大程度的可持续发展。

高校人力资源规划通常包含两个方向的预测:人力资源需求预测和人力资

源供给预测。人力资源需求预测是指从高校的战略规划、发展目标和工作任务出发,综合考虑各种因素的影响,对高校未来人力资源的数量、质量和培养时间等方面进行评估和控制的活动。它是高校人才招聘选拔的基础,预测的准确性直接影响高校人才招聘选拔工作。人力资源供给预测是为了满足高校在未来一段时间内的人力资源需求,对高校能够获取的人力资源情况做出的预测(包括外部和内部的人力资源预测)。外部人力资源供给预测重点是分析当前人才市场的形势、高校能够获取各种人力资源的渠道及与本校人力资源竞争力相当的高校,从而预测出高校可能获得的各种人力资源的情况和获得这些人力资源需要付出的代价,以及当中可能会出现的困难和危机。例如,高校在进行引进人才政策制订时,需要充分考虑到其他高校在争取相同的人力资源时提供的优惠待遇、政策。内部人力资源供给预测主要是分析高校内部人员的情况,其中包括学校目前现有教职工的性别、年龄、学历及素质,以及流动趋势、职称结构、缺勤率、工作士气等,决定完成学科建设、科研、教学、行政、财务及其他运营管理工作职位所需的不同学历、专业和职称等级的人才,从而对未来一段时间内内部留岗、晋升、可能跳槽的教职工数量做出预测。

高等学校的人力资源涵盖教师、管理人员和工勤服务人员。教师资源是高校人力资源的核心。教师资源主要包括专任教师、专职科研人员、专职实验人员等。其中专任教师又分为以教学为主、以科研为主以及教学科研并重型教师,按学科还可以分为理科、工科、人文社科型教师;管理人员有行政管理人员和学工干部;工勤服务人员有后勤管理人员、技术工人和一般服务人员。教师资源的核心是专任教师,其直接关系到学校的发展,是高校人力资源战略规划的重心。教师人力资源规划的内容有:各类教师的数量、学历结构、职称结构、学缘结构、年龄结构、专兼职教师等。

二、高校人力资源规划与高校人力资源管理的关系

高校人力资源管理,主要研究高校人力资源管理活动中的内在联系和客观规律。高校人力资源管理有独特的管理对象:高校教学、科研、管理等活动中的教师以及教师与组织、环境、事、物之间的相互联系。高校人力资源既在开发中得到提高,又在利用中得到增值,这样的提高与增值,一方面,可以促进人力资源的进一步提高与增值,另一方面,又对其他物力资源继续开发的深度与广度、效率与效果等起着决定性作用。而且高校人力资源管理有其客观的发展规律,与一般的人力资源管理相比,高校人力资源管理有以下几方面的特点。

(一)高校人力资源管理的宗旨是服从和服务于学校的学术管理

高等学校处在整个教育体系的最上层,学术知识是高校的逻辑起点,是高校的立身之本。因此,学术管理也成了高校各项工作的焦点。毫无疑问,高校作为一种特殊的社会组织形式,存在行政化管理,也存在人力资源的开发和管理。特别是在高校办学规模不断扩大、与社会经济联系日益紧密的情形下,高校人力资源管理的发展需要趋向于科学、高效、专业化。但是,无论采取何种运行机制和管理方式,都应该保证服从和服务于高校的学术管理。

(二)高校人力资源管理的重心是对知识的开发和管理

高校作为人才的基地、知识的摇篮,其发展关键在于知识生产力(即创造知识并把知识转化为技术、产品等的效率)的提高。知识生产力由高校知识的开发与管理能力决定,包括研究与开发、培训与教育能力等等。因此,知识生产的决定性要素为用先进的技术和最新的理论武装起来的劳动力。

(三)高校人力资源管理的核心是机制创新

高校人力资源管理体系的完善,最终必须通过在用人制度、分配制度、考评制度等方面建立起激励、竞争、约束、淘汰的新机制,以机制的创新推动改革的进程。在引进人才、稳定人才、建设高素质的师资队伍和管理队伍方面,政策设计蕴含新思想、新举措,激励教师的积极性和创造性。只有这样才能多出成果,增强学校办学活力,最终实现办学目标。

(四)高校人力资源管理的对象具有复杂性和多样性

高校人力资源管理,必须根据目标需要全面划分人才类型,拓宽管理范围。将教师队伍分为教学科研并重型、教学型、科研型,将服务人员分为教学服务人员、科研服务人员、经营人员和管理人员。另外,还应根据发展需求物色各层次人才。

高校人力资源管理工作普遍缺乏总体规划,成为造成人力资源管理诸多问题的关键环节。人力资源规划是诊断人力资源管理效果的核心标准,也是实现组织目标的必然选择。目前,中国部分高校对于教师队伍建设和人力资源的合理配置缺少长远规划,对高校的人才资源缺乏预测、监控、规划、配置,不能及时、准确地提供高校人力资源的系统信息。高等学校作为高层次专业人才的培养基地,聚集一定规模的人力资源作为支撑是十分重要的,但是怎样科学、合理地配置、使用人力资源,就不能单纯依赖人力资源的规模,还要看人力资源学缘结构、知识结构、职称结构和年龄结构是否合理。在制定各种措施稳定高层次人才的同时,还要注重后备人才的规划、储备和培养,从而建立一支结构优化、业务精良、乐于奉献的师资队伍。所以,最重要的任务就是制订出科学、合理的高校人力资源规划,并严格执行,以期实现高校人力资源管理的优化。

第二节 高校人力资源规划的作用与任务

一、高校人力资源规划的作用

(一)战略作用

任何学校都处在特定的外部环境中,而外部环境的各种因素均处在不断的变化和运动中,其中某些因素会对学校人力资源产生直接的影响,如国家调整有关离退休年龄的规定。在动态的外部环境影响下,学校人力资源供求平衡不可能自动调节,因此需要分析供求差异,并采取恰当的手段调整差异。人力资源规划的基本职能便是预测并调整人力资源供求差异,使人力资源供求保持平衡。通过人力资源规划,一方面,可以分析学校人力资源现状,了解目前人事动态;另一方面,可以预测学校未来人力资源需求,为学校人力资源的增减规划提供参考,及时制订人员增补与培训的规划以确保学校在需要的时候所需人才能够及时到岗。

(二)先导作用

人力资源规划具有先导性,通过对高校未来一段时间环境的预测,可以及时为组织人员的录用、晋升、培训、调整,以及人工成本的控制等方面提供可靠的信息和参考。从目前人力资源的供应情况来看,在人才竞争日益激烈的今天,高校要寻找到有利于发展的高层次人才实属不易。而由于人的性格、天赋等难以改变,人的素养提高也是个长期过程,高校培养自己现有的人才,使之合乎高校发展需要也非一日之功。高校人力资源规划由于能提前了解高校发展对人才需求的动向,可以及早地引导高校开展相应的人事工作,避免环境变化时猝不及防。所以,通过对高校人力资源的规划可以把握高校的发展方向,引导高校的人事决策,有助于高校帮助教师制订职业生涯发展规划。

(三)控制作用

通过人力资源规划可以及时预测组织人力资源的潜在问题,从而及时调整现有人事结构匹配中技能、知识、年龄、个性、性别比例等存在的不合理分配现象,促进人力资源的合理调配,改善高校人力资源分布不均衡状况,降低人工成本。高校人力资源规划,一方面,通过对现有人才结构的分析,可以预测和控制高校教师资源的变化,逐步调整人员结构,使之更加合理,促进高校人力资源的高效使用;另一方面,通过有效的薪酬激励规划,可以充分发挥高校人力资源的作用,尽可能降低人工成本。如果高校没有进行人力资源规划,则无法预测未来的人工成本,可能会超出预算,降低效益。因此,在预测高校未来发展的前提下,有计划地逐步调整教师资源的分配状况,将人工成本控制在合理的范围,加强人力资源规划十分重要。

(四)激励作用

人力资源规划不仅是针对学校的规划,也是针对教职工的规划。学校的发展和教职工的发展是互相促进、互相依托的关系。如果只考虑到学校的发展需求,而忽略教职工的发展需要,学校的发展就会受阻。合理的人力资源规划是紧密联系学校和教职工个体之间的桥梁,既能使每个教职工的才能得到充分的发挥,同时又使教职工知道自己在学校目前和将来工作中的适用性,明白自身水平与学校发展要求间的差距,从而促使其积极提高自身能力,在不断的努力中得到成长。

(五)协调作用

高校人力资源的开发与管理是一个系统的工程,这一过程包括工作分析与设计、人力资源计划、人员招聘和选拔、人力资源开发、绩效管理等方面。高校人力资源规划与工作分析是人力资源开发与管理的基础,它将高校人力资源管理活动的方方面面串在一起,可以使高校的人力资源开发与管理工作在及时了解人力资源变化的基础上,协调高校各方面的关系,改进相应的策略,有效地利用人力资源,促进高校的健康、快速发展。

(六)保障作用

预测人力资源供求差异并调整差异是人力资源规划的基本职能。高校的生存和发展与高校人力资源的结构、教师素质密切相关,高校人力资源规划保障了高校在生存发展过程中教师的需求数量、质量和结构。对处于一个动态发展的高校来说,由于各种因素处在不停的变动之中,如外界环境的变化、高校内部教师的离职等都可能会造成高校人力资源的短缺、需求与供给的不平衡,这种缺口和高校人力资源需求与供给的不平衡不可能自动修复。高校人力资源规划可以通过分析供给的差异,并采取适当的措施吸引和留住高校所需人员,以调整这种差异,保障适时满足高校对人力资源的各种需求。

二、高校人力资源规划的任务

(一)外引内培并重,优化教师资源的配置

坚持采取有力措施,建立灵活的人才引进机制,通过各种方法,吸引海内外优秀的专业人才到高校工作。根据教师队伍建设目标和《高等学校教师培训工作规程》的要求,制订切实可行的培训计划和政策措施,充分调动学校和教师个人的积极性、主动性。以中青年骨干教师为重心,着眼于加强师德教育,更新和拓展知识结构,提高教育教学能力。教师必须要有深厚的专业知识积累和终身学习的意识,掌握必要的现代教育方法,在教学科研工作中敢于探索创新。

(二)建立健全的高校用人制度

第一,全面实行聘任制度。进一步加强竞争机制,淘汰固定用人制度,改革职务终身制和人才单位所有制,根据"按需设岗、平等竞争、公开招聘、择优聘用、严格考核、合同管理"的原则,在高校全面实行聘用制度。第二,在高校教师及其他专业技术人员中开展职务聘用制度。将教师职务聘任制度和教师资格制度结合起来,坚持在具有教师资格的人员中聘任教师。专业技术职务岗位的聘用要弄清评审和聘任之间的关系,淡化"身份"评审,强调岗位聘任。第三,探寻并建立以教师为主、相对稳定的骨干人员和出入有序的流动人员相结合的高校人才资源开发机制。第四,建立健全的解聘辞职制度。第五,根据国家政策和高校实际情况建立健全符合高校性质和工作特点的岗位管理制度,建立科研、教学、管理关键岗位制度、管理人员的教育职员制度,选人用人实行公开招聘和考试的制度等。

(三)健全人才流动机制

根据相关政策,各高校可以延聘和返聘专业水平高、教学能力强、身体健康的退休教师继续在校工作。积极推动学校与学校间教师互聘联聘工作,充分利用教师资源,提高办学效益。同时面向社会招聘具备教师资格的专业人员担任专职或兼职教师。积极推进在校研究生兼任助教工作,以进一步减少扩招后教师不足的问题。根据相关流出机制,对不能胜任研究和教学任务的教师,要做到坚决转岗或者淘汰。

(四)推进高校机构改革

首先,高校机构改革应该严格按照"总量严格控制、微观合理放权、规范合理、精简高效"的准则进行。理顺管理体制,实行国家制定的法规和高校主管部门编制的制度。其次,根据高校科研、教学、校办产业、后勤服务等各部门的不同职能,推行不同的管理制度。再次,依据《中华人民共和国高等教育法》和《中国共产党普通高等学校基层组织工作条例》的精神,以及高校本身实际发展的需求,合理设置学校各党政职能部门,合并主要职能相似的部门,对工作性质相近的机构可实行合并办公。最后,根据高校科研、教学发展的需求以及党建工作的需要,在上级主管部门规定的编制范围内,合理安排人员结构比例并合理配置各类人员,从而优化高校教师队伍。

第三节 高校人力资源规划的环境与原则

一、高校人力资源规划的环境

高校人力资源规划在客观上受到很多因素的影响和制约。因此,在制订高校人力资源规划时需要研究其影响因素。影响高校人力资源规划的环境因素包括高校内部因素和高校外部因素。

(一)外部环境

1.宏观经济形势

处在经济萧条时期,失业率高,人力资源总体上供大于求;处在经济上升发展阶段,劳动力成本高。

2.劳动力市场供求关系

劳动力市场供求关系包括总体的劳动力供求关系和各类人才的供求关系。如果某类人员供不应求,则会在一定程度上限制外部人力资源的补充。

3.国家劳动、教育政策及相关法律法规

此方面例如国家在改动福利保险制度、工资最低限制线,修订《中华人民共和国高等教育法》《中华人民共和国教师法》等相关法律法规时,高校人力资源规划就会受到影响。

4. 教育技术的更换

激烈的市场竞争在很大程度上推动了教育技术的发展,一些新的、先进的教育技术的普及会促生新的职位,这样会改变高校原来的人力资源需求状况。

5. 社会科技经济发展对课程的要求

随着社会科技经济的不断发展,新的学科领域不断涌现,这些新兴的学科领域需要大量的相关人才投入,高校也就需要开设相关课程,因此需要引进新兴领域的专业人才。

6. 市场变化

随着高校的扩招,国家对高等教育愈来愈重视,高校生源逐年增加,加之高校间的竞争愈演愈烈,高校人力资源的流动性大大增加。此外,社会文化环境、地区经济差异等也是影响高校人力资源规划的外部因素。

(二)内部环境

1. 学校的办学规模

高校的生源直接受到高校办学规模的影响。学校作为教书育人的场所,所开设的课程需要配备相应的专业教师。办学的规模与学校的后勤服务人员、行政管理人员的规模成一定比例。

2. 学校的发展战略

人力资源规划是在高校发展目标的基础上进行的,当高校调整了发展战略时,人力资源规划也要随着作出相应的调整。

3. 学校类型、特色

高校的办学类型和特色决定了其下属院系的多少和规模,进一步决定了各个专业师资的比例。

4. 人力资源机构体系

在此方面,高校内部的组织机构、职位体系也影响了其人力资源的规划。

5. 人力资源素质

人力资源素质包括高校教职工的职称比例、学历比例、年龄比例等。

6. 人力资源部门人员的素质

人力资源部门人员是人力资源规划的分析者和具体计划的制订者,他们的素质在很大程度上影响着人力资源规划的进行。

二、高校人力资源规划的原则

(一) 全局性原则

人力资源的规划应该具备全局性,从横向上看,人力资源规划要涉及高校的人力资源、党政、院系等各个部门;从纵向上看,一般的人力资源规划只包含人员的配置计划,如人员补充、增长、调配和离职等方面的计划。但在今天竞争激烈且人力资源管理日渐成熟的情况下,只有这些计划是远远不够的,一套完善的高校人力资源规划体系还应该包括岗位职务设置规划、内部人员流动规划、外部人员补充规划、职业生涯规划、绩效考核规划、培训开发规划、薪酬激励规划、退休解聘规划等方面。因此,人力资源决策者在对高校人力资源进行规划时要注意各部门之间的内在联系,从全局的角度出发提出规划方案,并协调各个规划方案。

(二) 系统性原则

一个高校在人员规模相同的情况下,用不同的组织架构联结起来,会形成不同的权责结构和协作关系,取得的效果也可能完全不同。一个有效的人力资源规划能结合不同类型的人才,形成一个有机的整体,可以有力地发挥"系统功能原理"的优势,即整体功能大于个体功能之和。一般而言,系统性原则体现在性格、知识、能力、年龄等方面的互补性上。

(三) 与高校发展目标相适应的原则

人力资源规划是高校整体发展规划的重要组成部分,规划的首要前提是必须满足高校整体利益的需要,与高校发展目标相符。只有这样才能协调好高校的发展目标和高校资源,确保人力资源规划的准确性和有效性。比如,高校的自身定位如果是研究型,就应该以科研人员为主;高校的自身定位如果是教学型,就应该以教学人员为主;高校的自身定位如果是教学研究型,就应注重科研人员与教学人员之间的相互协调。所以,人力资源规划的制订,应该与高校发展目标相一致、相适应。

下面分别介绍四种类型相互协调的高校人力资源规划方案。

1. 研究型大学

这种类型的高校是培养高层次拔尖人才的摇篮,是自主创新的领导者,是培育和发展先进创新文化的发源地;富有自主创新能力,不断涌现先进的高水平科研成果;教师队伍强大,拥有一批世界公认的知名学者和学术权威;人才培养的重心是创新型高层次人才,硕士、博士的数量占了较大的比重;学科门类齐全,拥有部分一流学科;科学研究和人才培养都有雄厚的财力支持;国际交流和合作活动非常活跃;崇尚学术自治与学术自由。

这类高校人力资源规划方案的特点是,具有稳定的总体规划。人员补充、配置、培训等规划的重要目的是提高创新能力;人员补充渠道为外部引进海内外优秀人才、内部培养学术带头人相结合;培训规划主要是服务于某一领域;十分重视人才的职业生涯规划;劳动关系稳定。

2. 研究教学型大学

这类高校是介于研究型和教学研究型大学之间的高校,师资力量较强,拥有部分知名学者和一流专家;人才培养目标是具有研究潜力的应用型人才;人才的培养层次一般是研究生教育与本科教育并重,办学层次完整,涵盖博士、硕士和学士;科研工作与教学工作并重,强调科学研究的重要地位;拥有一定规模的硕士生、博士生和博士后研究人员;承担一定数量的国家重大科研课题;有足够的科研经费和一定数量的具有标志性意义的科研成果;强调在研究中学习和在学习中研究,用科研促进教学;广泛开展国际交流与合作。

这类高校人力资源规划方案的特点是,具有灵活的总体规划。人员补充、配置和培训规划以自我学习能力强及激励能力强的教职工为主体;人员补充渠道为外部培养和内部引进(如柔性引进)相结合;培训规划主要服务于某一领域;关注建立在个人需求之上的职业生涯规划;劳动关系稳定。

3. 教学研究型大学

这类高校是介于教学型和研究教学型大学之间的高校,师资力量尚可,拥有小部分知名学者、专家;具有相对齐全的学科门类和少数优势学科;主要是本科教育,具有一定硕士与博士研究生培养能力;大力结合行业、地方经济文化需要开展科学研究,少数优势学科能产生高水平的科研成果;积极主动地为地方经济建设、区域经济和行业发展服务;培养大批高级技术应用型和创新型人才;积极开展国际交流与合作。

这类高校人力资源规划方案的特点是,具有适应性的总体规划。影响员工补充、培训规划的首要因素是科学研究能力;人员补充渠道以外部引进为主,内部培养为辅;培训规划主要服务某一学科;充分重视人才的职业生涯规划;劳动关系比较稳定。

4. 教学型大学

这类高校主要培养本科生,仅培养少量的研究生;立足于教学工作,目标是培养大量的高级专业人才;通过传播和应用知识与社会进行密切的联系,既要适应社会对各类人才的需求,又要适应社会发展的需求,在为社会发展服务的同时,也从社会中获得促进学校发展的活力和动力;在学科设置、科学研究、人才培养方面具有复合型特征;提倡办学区域化。

这类高校人力资源规划方案的特点是,具有周密的总体规划。人员补充、培训等规划的主体是教学效果好的员工;人员补充渠道为内部培养与外部招聘相结合;培训规划的主要内容为上岗培训和拓展训练;教职工的职业生涯规划与学校发展需求相联系;劳动关系比较稳定。

(四)与内外环境变化相适应的原则

人力资源规划只有充分考虑了高校的内外环境变化,才能适应高校经营管理的需要,真正做到为高校的发展目标服务。内部变化主要有在校生人数的变化,教师流动的变化,热门专业、冷门专业的变化以及高校发展战略的变化,等等。外部变化主要包括国家的教育政策法规的变化、政府有关人力资源政策的变化,以及教育市场的供需矛盾的变化等等。为了能够更好地适应这些变化,人力资源规划应该对可能出现的情况及时做出准确的预测和风险分析,最好能有对付风险的应急策略。

第四节 高校人力资源规划的内容与程序

一、高校人力资源规划的内容

如前文所述,高校人力资源规划是指为了实现人力资源合理配置,而依据高校的发展战略和组织目标,以及高校内外部环境和条件的变化来预测未来高校的职能和面临的形势要求,然后确定高校需要什么样的人力资源结构及如何获得、使用这些人力资源的过程。高校人力资源规划的最终目的,是确保高校在适当的时间和不同的岗位上获得适当的人选(包括数量、质量、层次和结构)。

(一)宏观内容

高校人力资源规划可以大体分为人力资源数量目标规划、人力资源结构优化规划、人力资源素质提升规划等若干子规划。只有制订出好的各个子规划,才能制订出科学、合理且可行性强的人力资源总规划。

1. 人力资源数量目标规划

所谓人力资源数量目标规划,有学者也称之为岗位职务设置规划,是指为了实现"人适其事、事得其人、人尽其才、才尽其用"目标,而根据高校内外环境条件的变化和发展战略目标,通过科学的机构设置、定编定岗以及人员聘用等形式合理配置人力资源的规划。人力资源数量目标规划可分为机构设置规划、定编定岗规划、人员聘用规划等。

(1)机构设置规划。教育部相关文件精神指示,高校可以自主确定教学、科研、行政职能部门等内部组织机构的设置和人员配备,前提是遵循实际、精简、效能的原则。学校管理机构根据学校的层次和规模,原则上设10~20个。以电子科技大学为例,通过将党办、校办、党委政策研究室合并组成学校办公室(党委政策研究室),将与本科生管理相关的职能部门学生处、武装部、校团委、艺术教育中心等合并组成"学生工作部",将与国际交流相关的国际处、港、澳、台办公室、国际教育学院等合并组成"国际合作与交流处",实现了机构和职位的大幅度精简,同时防止了机构人员臃肿,不但体现了精简、高效、一致的原则,而且建立了运行协调、行为规范、办公高效的管理体系。

(2)定编定岗规划。传统的定编定岗方法只是机械地套用主管部门下达编制数时附加的各种限制性规定,然后按照一定的比例划分给各个下级机构,最多在此基础上再按照各单位的现有人员数量和经验进行个别调整。最后达到各单位满编的时候,就是整个学校编制数被突破之时。因此,各高校长期普遍存在不断忙于重新修订校内各单位编制(岗位职数)方案的问题。人力资源部门研究出一套新的定编定岗方式,就成了迫切的需要。

一般情况下,学校教学、科研和教学辅助人数所占比例应达到学校人员总数的80%以上,其中专任教师所占比例应超过60%,其他党政工作人员数量应不超过在校人员总数的20%。据此可以将总编制划分为教学科研人员编制和行政管理人员编制两大类。

各行政部门管理人员编制数的确定,则可根据国外和中国香港地区等地大学的经验,先设定人事改革的目标:第一,建立高校的组织机构。包括职位能升能降、人员能进能出,工作明确、责任明确、上级明确,薪酬基本与工作职责、能力相对应等。第二,有中国特色。包括以能与国际接轨为原则,能与其他高校相对应等。第三,能体现员工职业生涯路径,激励员工。包括多种发展路径,发展条件基本明确,提供交叉发展的机会等。为达到目标,需要分三个阶段来开展各项改革工作:首先,岗位设定。包括岗位的横向、纵向分类,岗位职责的设定原则等。其次,薪酬设定。包括薪酬组成与薪酬等级、岗位与薪酬对应等。最后,绩效评估办法的制定等细微的工作。力求有效地避免目前存在的有关忙闲不均、工作可比性低而无法从整体评估、薪酬与工作量及质量不合理对应、薪酬方式与标准不统一等现象。

(3)人员聘用规划。首先,全面推行全员聘任制。在定编定岗的基础上,按照"岗位公开、双向选择、平等竞争、择优聘用、合同管理"的原则,实行全员聘任制。学校和教师按照国家的有关法律、法规,在平等自愿、协商一致的基础上,通过签订聘用合同或者签订聘约的形式确定事业单位和个人的基本人事关系,明确事业单位和个人的权利和义务。事业单位通过建立和实行全员聘用制度,可以实现用人的公平、公正、公开,也可以保障职工自主择业,促进事业单位自主用人,更能有效维护单位和职工的合法权益。同时对不称职而又教育无效的人员予以解聘下岗。其次,推行人事代理制度。人事代理制度是市场经济条件下产生的一种新的人事管理模式,运用社会化服务方式和现代化科学手段,按照一定的法律程序和政策规定代办有关人事业务。通过将人事关系管理和人员使用分离,实现将"单位人"变成"社会人",摆脱了人事关系、档案等的束缚,形成"能进能出"的良性机制,减轻了原所负担各项社会福利保障职能的压力。最后,推行机关部处负责人竞争上岗制度。这样就可以为党政机关优秀骨干人员晋职、晋薪开辟渠道,建立富有活力的用人机制,避免党政机关工作人员熬年头,凭身份、资历获取报酬的弊病。

2.人力资源结构优化规划

优化人力资源结构需要通过不断补充外部人员和引导内部人员流动来实现。相应地,人力资源结构优化规划包括外部人员补充规划和内部人员流动规划。

(1)外部人员补充规划。所谓外部人员补充规划,是指为了对高校中长时间内有可能产生的空缺职位进行补充,而根据高校内外环境条件的变化和发展战略,进行计划性地吸收高校外部人员的规划。

比较预测的人力资源供求情况的结果,可以分析出将来高校有哪些岗位会空缺。如果有合适的内部人员接任,要考虑调动内部人员后将会出现的职位空缺,然后从内部吸收人员补充空缺的职位;假如没有合适的内部人员胜任这些岗位,则就要考虑从外部招聘人员进行补充。所以,一旦出现供小于求的情况,为了补充直接或间接空缺的岗位,就需要考虑吸收外部人员。

有计划地吸纳外部人员补充未来空缺职位是制订外部人员补充规划的目的。外部人员补充规划不但需要计划引进人员的质量和引进人员的数量,还要配合现实情况制订出一系列的计划以确保可以招到合适的人员。依据规划的步骤和内容,可以将外部人员补充规划再分成招聘规划和甄选规划两个子规划。

(2)内部人员流动规划。所谓内部人员流动规划,是指为了实现在未来职位上配置内部人员,而在高校内外环境条件的变化和组织发展战略的基础上,进行有计划性的高校内部人员流动的规划。内部人员流动能促进高校的"血液循环"。

高校内部人员流动包括晋升、调动和降职三种类型。降职流动较少使用,而晋升和调动,尤其是晋升是经常出现的,这里主要介绍最为经常使用的晋升规划。

晋升是人们普遍熟悉的流动方向。晋升规划分为职务晋升和职称晋升两种。在职务晋升中,为满足职务对人的需求和教师追求实现自我价值的需求,要有计划地大胆起用那些管理能力出众、在学术上有建树的教师。在职称晋升中,为满足人才优化配置和机构合理性的需求,要为符合相应职称晋升条件的教师提供良好的晋升环境,创造积极向上的学术氛围。在晋升中,既要防止僵硬化,这样可能使教师看不到发展前途,挫伤教师的积极性,又要保证教师质量,避免名不副实。人尽其才,才尽其用,最大限度地发挥教师的积极性和能动性才是晋升规划的目的。

3.人力资源素质提升规划

(1)职业生涯规划。职业生涯规划是指教师根据自身兴趣、个性、能力和可能的机会制订个人职业发展规划,再依据高校内外环境条件的变化和组织发展战略引导教师职业发展方向,然后高校安排教职工职业发展的规划。

职业生涯规划有着明显的个人特征,使个人目标与组织目标达成一致是其目的。在设计职业生涯规划时,同时要考虑到环境、组织和个人三个层面。对于环境,必须积极配合;对于组织和个人,则可进行优化。它是一项系统的、长期的、持续的、有弹性的规划,影响教职工未来行为和高校未来计划,因此,应有计划、有步骤地设计与实施。首先,分析环境因素、组织因素、个人因素。分析宏观环境,预测未来人力资源市场的供给与需求,重点关注哪些可能是稀缺专业的人力资源,同时,分析未来的外部环境,预测高校可能发生的重要变化;分析组织的发展战略和与之相适应的高校人力资源规划,从大体上制订为二者服务的职业生涯规划,同时关注高校其他方面可能的变化,预测对教师职业生涯发展的影响;通过教师自我分析和组织的测评,掌握教师的基本情况,包括教师的人格(人格是个人相对稳定、比较重要的心理特征综合,包括个人能力、气质、兴趣、爱好和倾向性等)、知识、能力和意愿等,这是量身定做教师职业生涯规划的根本保证。其次,设计职业生涯规划。根据职业生涯各阶段的特征和规律,结合教师的个人情况,设计符合高校发展需要的职业生涯发展规划,促使高校发展和个人发展相一致。再次,执行规划。高校应制订切实可行的执行程序,提供相应的资源、方法和方案。为了促使教师实现个人目标,高校可提供相应的支持,如相关信息、必要培训、晋升机会等等。高校引导和支持教师实现个人目标的同时,实际上也是支持高校目标的实现。最后,评估规划。定期将执行结果与规划目标相比较,寻找两者之间的差距。一方面,要分析产生差距的原因;另一方面,要根据现实情况调整职业生涯规划,保证规划切实可行而又有鼓励作用。要总结经验和教训,提高高校未来制订和实施职业生涯规划的水平。

(2)培训开发规划。培训开发规划是指为了使教师可以适应未来岗位,而根据高校内外环境条件的变化和高校组织发展战略考虑教师自身发展需求,然后对教师进行有计划的开发与培训,进一步引导教师的态度、提高教师能力的规划。培训与开发是两个既有联系又有区别的概念,它们各有偏重。一般而言,培训主要针对普通员工,而开发主要针对管理人员等核心成员。但二者的目的一致,即提高能力和转变态度。任何一个寻求发展的组织都应该合理地培训与开发,因为它是高额回报的投资。

在培训开发需求分析的基础上,制订培训开发规划。首先,要测算成本效益,规范培训经费的投入方向。具体来说,为实现经费投入的最优化产出的保证,培训规划应结合学校的教师队伍结构现状、物力、财力,以及学校的远景规划等实际情况来制订。与此同时,培训规划还要以学科建设为核心,以保证培训有利于学校的发展:有利于建设学科梯队,有利于教师整体素质的提高,有利于培养骨干教师和学科带头人,有利于师资队伍学历、职称结构的改善。其次,确定培训形式。要采取定期与不定期、短期与长期、校内与校外、国内与国外、学历与非学历等相结合的多样化培训模式,根据学校实际具体情况而采取多种形式实施培训,按照理论联系实际、实事求是的原则,针对不同层次的教师要进行不同形式和内容的培训,增强培训的针对性,以促进形成多层次、多渠道、全方位的培训格局。对于新进的青年教师,为使其尽快掌握教学与管理工作,要对他们进行岗前培训、教学和管理的基本技能培训,尽快提高他们的教学与管理水平。同时,要鼓励青年教师参加更高层次的学历培训,鼓励他们考研究生。对讲师或副教授等骨干教师和学科带头人、中层以上管理人员,应积极组织其参加高层次的研修班及相关培训班,促进其及时更新教育思想、管理观念和专业知识,了解学科发展的前沿动态,学习新的管理方法,进一步提高其教学、科研和管理水平。同时还可发挥学术研究会的作用,将一批重要的学科和专业列入研究范畴。若是让教师不用走出家门,就能在参与学术活动中增长知识、开阔视野,就可以用专题学术报告的形式或者邀请知名专家学者来高校做报告、演讲。再次,激发培训主体的自发性。培训既是国家、学校及教师个体行为的整合,也是高校教师成长的必要阶段。加大对教师的鼓励与引导,能让教师产生学习的内在动力,把不断学习进步当成义务,能牢固树立"活到老,学到老"的积极观念,一步一步把培训自身转换为自发行动。大多时候人们往往会受制于自己的心态和周围的环境,所以激发培训主体的自发性要从改变培训理念开始,唯有自发意识下的培训行为才能达到最好的培训效果。最后,考核培训绩效。目前,教师的培训学习积极性并不高,是因为培训有时被当成休假、福利,最重要的是教师培训大多是有组织无考核,并且有的培训与教师自身的意愿不一致。因此,为了保证培训的有效性,避免资源浪费,要尽快对教学方法、学历学位、科研成果、知识结构等方面进行量化式考核,而考核的结果要与职务聘任、提高待遇、经费报销等结合在一起。只有通过考核评估,才能清楚地知道培训开发活动是否有效,才能为今后制订和实施该方面活动提供有益的参考。

1. 人力资源引进规划

人力资源引进规划是指高校根据制定的战略发展目标,并结合学校内部及外部环境制订有计划的人才引进方案,从外部遴选符合自身发展所需人才、补充空缺岗位的过程。高校间的竞争归根到底是人才的竞争,人力资源的水平直接决定了高校的水平,人才的引进是高校人力资源队伍建设的重要环节,因此,制订科学合理的人力资源引进规划对高校的可持续发展至关重要。

一般来讲,人力资源引进规划的内容应包括:引进人员的类型、数量、各岗位的要求,以及为引进合适的人而制订的一系列宣传计划、遴选程序等。根据规划的实施步骤,可以将人力资源引进规划分为招聘规划和遴选规划两部分。

(1)招聘规划。招聘规划是指学校根据发展需要和实际情况,对招聘的岗位类型、数量和各岗位的具体要求做出的具体规划,是根据对高校人力资源的预测来制定的,由各用人单位具体制定,人力资源部管部门对其进行审核后实施。

岗位要求除了要明确该岗位需要具备的专业技能和综合能力外,还应符合如《中华人民共和国劳动法》《中华人民共和国合同法》《中华人民共和国妇女权益保护法》等法律的要求及上级教育部门的相关要求;招聘数量在学校空余岗位数内有计划地分年度实施,要考虑到学科间及人员层次等的平衡;招聘渠道的选择要通过分析潜在应聘者的信息获取渠道而确定,通常的渠道包括平面及网络媒体、宣讲会、双选会及有针对性的猎头等,如招聘海外人才,可以选择在相关学科人才聚集度高的地域的媒体或国际知名学术刊物上进行宣传。目前,随着高校招聘标准的提高,尤其是对海外优秀人才的迫切需求,高校越来越注重拓展新的招聘渠道,如建立海外人才工作站、搭建青年学术论坛等都是有效的渠道。

(2)遴选规划。遴选是指从所有应聘者中选择与招聘岗位最匹配人选的过程,是人力资源引进中的关键环节,决定着人才引进的成败。用人理念、招聘规模、岗位性质等因素左右着遴选规划的制订,但一般来说,遴选规划应该包括遴选标准、遴选程序、遴选方法等内容。

遴选标准是对拟招聘岗位进行工作分析后,根据岗位需要制定的能满足此岗位工作的人员应具有的各类标准,可以分为生理标准、技能标准、心理标准。生理标准主要是指年龄、健康等标准,可以通过应聘申请表、体验报告等来进行筛选，对于一些特殊标准，还可增加相应测试。技能标准包括学习经历、专业背景、工作经验、资格证书、工作能力等标准，是遴选的核心标准。技能标准的制定要考虑到高校自身的发展阶段、发展水平和供需关系。大学水平越高，一般对引进人才的技能标准要求也越高，即便是在同一所高校，岗位不同，对应聘者的技能要求也有不同；对应聘者技能标准的考察，不仅要通过应聘申请表，还要通过笔试、面试、试讲、实践等多种环节进行。心理标准指岗位要求的心理素质和心理特征，对应聘者的心理健康程度，可以利用心理学领域的各种测试来进行，但对于忠诚度、努力程度及责任心，则只能通过个人经历及应聘中的表现来推断。

遴选程序是通过一定的组织程序，以保证遴选标准能得到严格执行。遴选程序的设计一定要坚持公平、公正、公开的原则，才能充分发挥招聘的竞争性，确保遴选到符合标准的人才。在招聘中，学校人力资源部门和学院之间要合理划分责权，分别成立招聘专家小组，专家小组可以由负责相关工作的领导和富有经验的教师组成。学院招聘专家小组根据应聘者提交的简历进行初步筛选，然后通过笔试、面试、试讲等环节对应聘者的能力进行全面考察（笔试也可由学校统一组织），提出推荐人员，并提交学院党政审查。对涉及引进有副高级及以上职称的人员，在学院党政审查前，还需院级专业技术职务聘任小组对拟聘人进行评审。对学院提出的推荐人员，学校应组织校级招聘专家小组进行评审，学校可以根据学院招聘的岗位数，要求学院按一定差额推荐人选。对通过校级评审的人员，学院可以组织其实习考察，实习考察通过后报学校人事人才工作领导小组，或分管校领导对结果进行审核。此外，为确保招聘过程的公开，应对人员情况进行公示，公示可以安排在学院评审环节，也可以安排在校级评审环节。

遴选方法是在遴选过程中具体的遴选实施方法，在不同的遴选过程选择不同的遴选方法，以达到该过程的目的。首先，是简历筛选。简历筛选主要是根据招聘岗位设置的部分生理、技能标准，如年龄、学历、专业、工作经历、专业水平等，对应聘者进行初步的遴选。为了更准确、快速地进行筛选，可以采用在线填写简历的形式，通过设置筛选条件进行电子化的筛选。其次，是笔试。一般采取集中的形式进行，多用于高校管理及辅导员岗的遴选。其目的是考察应聘者的文化、专业知识、思维方式、公文写作等能力，还可以通过引入心理测量的方法，对应聘者的人格、性格、兴趣、价值取向等进行测试，为招聘者提供更进一步的遴选依据。再次，是面试。面试是整个遴选程序必不可少的环节，通过面对面的交流互动，不仅是对应聘者专业能力、思维方式的深入考察，还可以更直观、更真实地对应聘者的心理素质、表达能力、应变能力、自我控制能力等多种素质进行考察，这是在简历筛选和笔试中很难做到的。面试可以根据不同的考察对象、不同的目的，设置不同的面试内容，且可在遴选过程中设置多次面试环节，如在引进教师时,试讲可以考察应聘者的基本教学素质,研究报告可以考察应聘者的专业能力和学术水平。此外,面试的形式也可多种多样。如按照实施方式,可分为单独面试和小组面试;根据面试的标准化程度,可分为结构化面试和非结构化面试;根据面试的目的,可以分为压力面试和非压力面试;等等。在面试中,可以采用多种方法以达到考察的目的,如电话/视频面试、专题演讲、小组讨论、情景模拟等。最后,身份审查。身份审查也是遴选的关键一环,应聘人员中也会有伪造学历、捏造学术成果的行为。因此,高校在招聘时,应该严格对应聘者的学习经历、学术成果等进行审查,并对有伪造行为的应聘者进行一票否决。在招聘教师时,除了让应聘者提供必要的个人证明材料之外,还要提供同行专家学者的推荐信或评价材料作为参考。

2.培训发展规划

当前世界正处于一个"知识大爆炸"的时代,知识老化周期正在迅速变短。一次性终结型的教育模式已经无法适应时代的发展,不断学习对于处在科学文化前沿的大学教师显得尤为重要,大学教师在职培训的终身化已经成为不可阻挡的趋势。而大学教师作为社会高文化群体的代表有其显著的特点,制订科学的培训发展规划就显得尤为重要。

美国教育心理学家诺尔斯(Knowles)最早提出了成人学习理论;美国心理学家柯尔柏(Kolb)针对成人培训的特点,提出了"经验培训圈"理论;中国的林崇德提出了"知识基础"这一概念,他总结了教师职业所需的知识结构,并把它们分为学科知识、教育心理学知识、实践性知识和文化知识四个方面。

根据他们的观点不难得出高校教师培训的基本方针,即考虑高校教师的学习特点,培训对于他们实际工作的意义,根据高校教师学科知识和文化知识充足的现状,把培训重点放在教育心理学和实践性知识方面,最终达到使高校教师能够运用自己已有的知识结构消化和吸收新的理念,并在实际工作中运用这些新的知识和经验进行决策,解决实际问题。

根据对高校教师素质的研究,结合高校教师的实际情况,确定的培训基本方针,主要概括为以下四方面。

(1)培训目标的专业化。毫无疑问,高校教师是一种专业化的职业,这个专业化不只限于教师的学术研究方向,还应更多地注重教师传授专业知识的能力,比如系统地规划教学课程的能力。通过培训应该让高校教师能够从自身特点出发,提高教师的职业化意识和水平。

(2)培训内容的现代化。当前是知识更新无比迅速的时代,对教育也提出了现代化的要求,所以对高校教师的培训内容也提出了现代化的要求。通过培训更新高校教师的教育观念,使得高校教师群体不断吸收新的教育理论,同时能够掌握新的现代化的教学和科研手段。

（3）培训体系的多元化。在全社会强调创新型人才培养的背景下，教师的培训体系也必然呈现出开放化的趋势和很多新颖的形式，包括校内的培训、跨校的交流式培训、远程网络培训等等。在这种多元培训体系的条件下，应当注重加强对不同体系的宏观监管，强调不同培训体系之间的相互沟通与衔接，以发挥出最好的培训效果。

（4）培训方式的个体化。在对高校教师进行培训的时候，应当依据教师的个体差异、学科差异、教学风格等，采取不同的培训方式，使每个高校教师的风格能够得到充分的发挥。而且技术的进步也使得实现这种培训方式个体化成为可能。高校教师可以通过多样化的方式，比如远程网络教育等来获得不同的培训内容及选择相应的培训方式。

3. 绩效评估规划

所谓绩效评估规划，是指根据高校内外环境条件的变化和发展战略，制订一系列的考核标准和程序来评估教师的工作表现、工作态度、工作能力、工作结果以及人际关系等，目的是实现组织目标、部门目标、个人工作目标三者的紧密结合，从而形成一个高效的目标工作系统，以确保实现整体目标的规划。绩效评估不仅是检验人力资源管理活动的方式，还为人事决策和改进人事管理提供了依据。要在综合分析的基础上，努力建立起一种适应不同类型、不同层次且科学的绩效评估规划。

首先，建立科学合理的绩效评估指标体系。绩效评估指标体系的建立既要考虑经济效益又要兼顾社会效益，既要考虑基础学科又要兼顾前沿学科，能量化的指标要量化，对定性的指标也应以分值和权重对应。另外，随着时代的发展变化，指标还需要动态化。

其次，科学地组织绩效评估程序。根据绩效评估指标要通过"自我评估—学生（群众）评估—基层组织评估—单位评估小组评估—校评估领导小组审核—公布评估结果"等步骤对全校人力资源进行科学合理的全方位评估。为便于被考评对象调整自身、优化自身，不断向发展目标接近，从而实现人力资源的优化配置，在每一步的评估中都应把相关信息迅速反馈给个人和基层组织，使评估程序公开透明化，做到公正、公平、公开。

最后，建立与绩效评估相结合的奖惩机制。学校应该将评估结果与体现个人价值的职称聘任、个人收入、选拔学科带头人等联系在一起，再结合评估的结果建立起评估激励机制。对成绩突出的要重奖，对不合格或不能完成任务的要进行相应处罚。但所谓的奖惩并非都是物质利益，有时荣誉会带来更高的激励作用。

4. 薪酬激励规划

(1) 薪酬规划管理的意义。2006年10月人事部、财政部和教育部联合印发了《高等学校贯彻〈事业单位工作人员收入分配制度改革方案〉的实施意见》后，高校的工资制度从职务等级工资制度逐步发展为岗位绩效工资制度。随着高校管理自主权的不断扩大，高校发展战略正逐步将薪酬规划管理纳入自身体系中。探索建立完善的薪酬制度，更好地发挥薪酬这一重要激励手段作用，对于有效吸引和保留杰出教学科研人才是必不可少的步骤，也是推动实现高校战略目标的强有力工具。

薪酬与每位教师的切身利益息息相关，不仅为教师提供基本的生活和发展保障，更是对其能力、价值和贡献的一种评价和认可。薪酬与高校人才的引进、稳定、考核和激励等各个人力资源管理环节相辅相成，共同促进人才强校战略目标的实现。

合理、科学的薪酬管理有利于促进高校教师资源优化配置。薪酬对高校人才资源的优化配置起着基础性导向作用，对外保持薪酬的竞争力，有利于高校现有教师队伍的稳定，招聘适用的优秀人才；薪酬的稳定和增长，能增强教师工作的安全感，培养教师对学校的归属感；科学、合理的薪酬差别可促进高校内外部人力资源的合理流动，尤其是高层次人才的流动，适时淘汰不适用人员，实现资源优化配置。

薪酬激励是最基本的人才激励办法，更是高校激励机制的核心部分。薪酬管理必须将以人为本作为出发点，充分发挥广大教师的积极性和创造性，从而营造积极进取、和谐向上的高校组织文化，形成公平竞争、共同发展的良好工作氛围，实现高校战略目标与教师发展目标的客观统一。

(2) 薪酬规划管理内容。合理、科学的薪酬规划管理需要高校根据自身的实际情况，结合教师的实际需求，从薪酬水平、机制、结构等方面进行规划制订，增强学校教师队伍的凝聚力和向心力，推动高校的科学发展。

1) 提高高校教师薪酬水平，建立稳定增长机制。高校应在严格的甄选机制下，提高对教师学术科研的资助和奖励，鼓励教师从事学术和科研活动。提高教师薪酬水平能够保证教师队伍的优秀和稳定。

2) 适应市场经济发展，增强对外竞争力与内部公平性。在制订高校教师薪酬的时候，应注意拉开重点高校与一般高校教师之间的薪酬差距，拉开热门学科与普通学科教师之间的差距。

3) 调整薪酬结构。国外的薪酬结构项目相对精确和简单，激励效果更明显。随着中国高校内部分配制度改革的深化，教师的工资项目繁杂，有国家工资、校内津贴、房租补贴、住房补贴、政府津贴、高层次人才津贴以及奖金等，国家工资占教师薪酬的比例不断降低,工资外的收入比例越来越高,由此导致教师对本职工作积极性不高。

4) 建立有效的激励机制。从发达国家的高校薪酬制度中可以看出其充分有效的激励和竞争效果。薪酬福利对教师有着重要意义,既是物质上的满足,也包含着成就和地位激励。合理的薪酬福利管理不仅有利于调动教师的积极性,还能吸引到国内外的优秀人才,为高校发展提供人力资源。同时要注意的是,实现教师的薪酬增长不能完全以职务的提升为标准,要充分体现教师的工作绩效和能力。

5) 建立以人为本的薪酬福利管理。推进"政校分开,管办分离",高校自主决定内部收入分配,积极探索丰富灵活的薪酬福利管理办法,满足教师需求的多样性与动态性。例如,为年轻教师提供继续学习的机会,为年长教师设计更多养老方面的福利,灵活安排休假时间等,满足教师在荣誉、发展和生活等方面的需求,让教师体会到高校无微不至的关怀。

5. 流动退出规划

中国高校在人员的流动退出机制上经历了几个时期。在聘用制度实行前,事业编制人员流动只能在事业单位内部同性质岗位之间进行,很难实现流动;退出则只有违反了国家、高校的管理规约以"除名"的形式实现。高校自2002年以后实行了人事聘用制度改革,对这个时期新进的事业单位员工实施了聘用合同管理模式,事业编制人员的自身主动流动性增大,但局限于合约条款、考核、社保很多配套制度的不健全,真正意义上的流动退出机制并没有建立,仍然存在着"只进不出""出不去流不动"的问题。目前,国家实行养老保险改革,在大环境的建设中使得流动退出的外部环境一体化,减少了外因的阻碍,高校只要合理利用合约管理,分类型、分层次建立考核要素,就能够建立合理的流动退出机制,理顺用人关系,搞活用人机制,提高用人效率,走出高校人事制度改革的重大一步。

流动退出机制的建立主要在于三大因素的合理利用,即合约管理、岗位聘任、考核体系的合理利用上。

高校作为事业法人主体,一方面,承担着传授知识、培养人才和科学研究的基本职责;另一方面,随着市场经济的逐步建立,产生了大量社会服务需求,如技术服务、技术转让、专利授权、校企合作等。无论是完成高校的基本职责,还是参与社会经济活动的社会服务职能,都会涉及大量的合约,以界定各方的权利、义务。

从岗位聘任来讲,所有的教职工应当实行岗位聘任,并且签订"岗位聘任责任书"。高校应明确不同岗位的聘任条件、聘任时间、工作责任、流动退出条件及路径。例如,专业教师岗位应该是集教学、科研、实验、社会服务为一体的岗位。

当该岗位上的人员不具备任何一个要素后,可根据自身选择流动至只有科研特性的专职科研岗位,或者是社会服务管理特性居多的管理岗位,实现内部、外部不同岗位间的流动;当该岗位上的人员几大要素的完成量未达到最低标准时,则应该退出岗位,进入待岗学习阶段,乃至退出高校。

考核是流动退出制度的抓手,任何岗位上的员工是否符合岗位的要求都要依靠考核的衡量。例如,管理岗位分类中提到核心岗位的职责包括了岗位工作内容的上级政策研究、分析、解剖;本级政策的制订、解读;下级执行、理解政策的指导。考核指标中应该具备工作能力、同事认可度、业绩水平等的考评。当该岗位员工因工作能力的缺乏而致考核不合格时,可根据情况选择调整为基础或服务型岗位;当该岗位员工三项指标均未达标时,可考虑不再聘用,令其退出高校的管理队伍。

总而言之,高校流动退出机制的建立是一个系统工程,在岗位分类的前提下利用合约管理、岗位聘任、考核体系三大要素规划路径,实现"能上能下""能进能出"的高校人事管理体系。

二、高校人力资源规划制定的程序

(一)信息收集处理

在制订任何规划之前,都应该进行调查,收集有关信息,对这些信息进行整理、分析,为制订规划提供有用、及时、真实、准确的信息。信息的质量直接决定着规划的质量,所以要充分认识信息的重要性。有学者指出:"在少数情况下,在某一个规划的制订过程中所搜集到的事实信息和评价信息就能明白无误地表明应当着手变革,它本身也足以令人做出采取行动的决策。"良好的信息不仅有助于人们做出更理性的决策,而且也能激励人们做出更多战略性决策。对于与高校人力资源规划有关的信息,主要从以下两个方面展开调查和分析。

1. 高校内外环境信息

高校以一定的状态在一定的环境中生存,所以高校管理者必须了解与之有关的环境。首先,要认识到高校的外部环境,包括外部的政治、经济、文化、科技、法律、社会、自然等环境;其次,要认识到高校的内部条件,包括高校的资源、竞争力、人员流动、组织结构、规章制度等一系列组织情况。但仅仅认识到这些信息还不够,还应该对这些信息进行预测,估计它们在规划期内将如何变动,预测出高校未来的内外部环境,才能据此制订出各项规划。

2. 高校发展战略

高校人力资源管理规划应以高校的发展战略为核心,这是因为其服务于高校的战略发展目标。为了决策出高校未来需要的人员规模、人员结构等,高校需要采取增长战略、紧缩战略、稳定战略或混合战略。

(二)确立目标

高校人力资源规划的目的是,在未来为高校提供合适的人力资源。合适的人力资源,即要在数量、质量、结构上合适,保证每个岗位上的人员合适。高校人力资源规划目标,是预测人力资源供给量和需求量,并在此基础上且在预测供求平衡的前提下结合高校的发展战略目标和总体发展规划而确定。

对人力资源进行规划,就必须掌握未来情况。高校人力资源部门只能通过预测,对未来做一个最贴近的描述,这是因为未来具有很大的不确定性。在高校人力资源规划中,人力资源供给预测和人力资源需求预测是制订各种策略、计划和方案的基础,是人力资源规划中的核心,因此它们最关键。预测人力资源供给量和需求量,并在此基础上预测供求平衡情况是其预测的思路。

人力资源预测的结果大致分为三种:供求平衡、供过于求、供小于求。在实际情况中,供给和需求二者往往存在一定的差距,只要预测的供给和需求不平衡,就需要制订相应的政策进行调节,使其最终平衡。如果预测与实际的供求一致,那么只要保持过去的政策就可以。制订人力资源规划要依据预测的人力资源供需平衡情况,即各项规划的展开都是为了解决供求矛盾。

为使人力资源的需求与补充达到最佳的平衡,减少人力资源过剩或不足造成的浪费或制约,就要在充分调查与分析、预测供需平衡的基础上制订人力资源规划,有效地进行人力资源的合理配置,使教师的岗位类别结构、专业结构、学科结构、学历学位结构、年龄结构、学缘结构、职称结构等合理布局,并留有一定的岗位轮换空间,调动教师的工作积极性。

(三)制订总规划

制订高校人力资源总规划,以保证高校未来的人力资源配置的合理性。总规划都是从总体上统筹工作,如果没有总体上的规划,就很难厘清各项工作之间的关系,无法厘清工作程序。因此,任何一个庞大的工作都应先从总体上入手。对于高校而言,制订出高校人力资源总规划就成为首要任务。

高校人力资源规划方案的制订需要精心筹划,它涉及确定制定方案的机构、制定方案的期限、设计方案的内容及措施等一系列问题。制订高校人力资源规划方案,要注意以下三方面:第一,注意高校人力资源总规划方案与各子规划方案之间的协调一致,譬如培训开发规划与职业生涯规划、外部人员补充规划与内部人员流动规划之间的协调等。第二,注意规划与高校的发展战略目标和总体发展规划协调一致。高校人力资源规划作为高校总体发展规划的子系统,是为总体发展规划及目标而服务的。第三,注意高校的人力资源规划与教师个人发展之间的协调一致。在制订高校人力资源规划方案时,不但要考虑高校的发展战略目标,而且应同时考虑教师的个人发展,这两者之间关系的协调主要体现在高校人力资源职业生涯规划设计中。

(四)制订详细规划

高校人力资源规划牵涉高校人力资源供求配置的多个方面,各方面规划的形成是总体规划的有机组成部分。总规划需要各项子规划支持,否则无法实施。每个子规划仅针对一个方面、一个主题,只有将所有的子规划综合起来,才能形成系统、有效的规划。

一般来说,高校人力资源总规划主要分为岗位职务设置规划、内部人员流动规划、外部人员补充规划、职业生涯规划、退休解雇规划、培训开发规划、薪酬激励规划、绩效评估规划、校园文化规划等。

(五)制订实施计划

1. 实施规划

高校人力资源规划只是一种针对高校人力资源的规划,要想发挥其作用,必须将规划变成行动。执行是管理中以其他环节为支撑的核心环节,因为结果由执行直接决定。如果缺少执行环节,一份再优秀的高校人力资源规划也只能变成一纸空文。在制订高校人力资源规划时,要考虑到其现实可行性。能否完全、正确执行,亦关系到规划最终能否实现。高校人力资源规划是一个长久、持续的动态工作过程。因高校内外存在诸多不确定因素,高校战略目标不断地变化,也造成高校人力资源规划的不断改变,因此,高校人力资源规划应当滚动地实施,不断修订短期计划方案。

2. 评估及反馈规划

监控是指对规划方案执行情况的监督和控制。在规划方案的实施过程中,需对规划方案的执行情况进行追踪监控和反馈,这样做是为了防止出现较大的偏差或失误,也便于出现偏差或失误后能及时纠正,从而确保规划方案在实施过程中能逐步达到预期的结果。执行是保障高校人力资源规划实现的基础,监控是实现其的保障。在对方案的执行情况定期检查时,若出现执行偏离,首先要做的是分析为什么会产生偏离,而产生偏差的原因可能有确定的目标和标准不具有可行性,以及方案执行中存在问题,也可能这两种原因都有。其次采取相应的调整或纠正措施。对于第一种情况,可以修正原有目标和执行标准;对于第二种情况,需要采取具体措施来解决存在的问题。

确定衡量规划方案执行情况的短期目标、分目标及具体绩效标准,是进行规划方案监控的必要条件。短期目标是指实现总规划方案和子规划方案长远的目标而划分的阶段性的目标;分目标是指根据规划方案总目标而分解出来的各子规划实施的方案的目标;绩效标准则是由短期目标或分目标分化出来的衡量目标实现程度的具体准则。分目标和短期目标既可以定性描述,也可以定量描述。

评估是人力资源规划实施以后的重要工作,不可忽视。总结经验或吸取教训都是十分重要的,否则,就难以修正、改进人力资源规划,进而影响人力资源规划工作顺利持续地展开。评估人力资源规划是下一步修订人力资源规划的基础。同时评估上一轮规划的得失,可以为下一轮规划提供经验,这些经验是非常可贵的,是通过实践得来的经验。如果不注意总结,就会白白浪费这些宝贵的资源。

在对人力资源规划进行评估时,一定要及时、客观、公正和准确。评估所得结果应及时反馈,并根据评估结果对正在执行中的规划作出必要的修正和改进。评估时一定要征求院系部门和机关部门领导的意见,这是因为他们是人力资源规划的直接受影响者。能够获取普遍赞同的规划才是好的规划。

第八章　面向对象的自助服务体验

为实现人力资源管理与服务的高效与便捷,系统需要提供一个资源共享的自助服务平台,将人力资源管理过程中不同的角色联系起来,为各个角色提供远程信息查询、维护、分析等操作权限。在自助平台中,通过不同的对象及权限的设置实现流程化管理、信息发布及交流等功能,按使用对象可以将功能划分为员工使用、部门和单位领导使用以及系统管理员使用三部分。员工使用的功能包括人力资源服务台、个人信息、培训自助、绩效考评、招聘自助、考勤自助。部门和单位领导使用的功能包括员工信息、机构信息和统计分析等。

自助服务平台有别于业务处理平台,是能为不同使用者提供个性化服务的平台。这是人力资源管理服务转型的一个有效工具,通过系统管理员授权来为不同角色提供不同的操作和应用权限。

第一节　公共服务平台

作为高校的行政职能部门,人力资源管理部门起着承上启下、内外联系、沟通左右的桥梁和纽带作用。在实际工作中,难免会出现教职工与管理部门沟通交流不畅的情况。人力资源管理自助服务台(简称"E-HR服务台")可以为人力资源管理部门和全体教职工提供一个资源共享和信息交流的平台。通过该平台,教职工可以查看相关信息,能够便捷地提交对学校人力资源管理和服务工作的意见与建议。授权人员可以对提出的意见或建议进行答复,并及时跟踪和改进,在人力资源管理服务工作中形成良性互动。

人力资源管理部门的工作涉及教职工的切身利益,需要遵循各项人事规章制度,做到每项工作都有章可循、有法可依,各项工作均需按照规定程序办理。人力资源管理部门涉及的业务多,流程复杂,当个人需要办理相关业务时,往往需要通过电话或上门询问,造成时间的大量浪费,工作效率低下。E-HR服务台能够为人力资源管理业务提供分类管理功能,常用的功能包括规章制度、办事流程、人事表格、意见箱、咨询台等,为教师提供便捷的查询服务功能。

一、规章制度查阅

高校内部的规章制度包括教学管理制度、科研管理制度、财务管理制度、学生管理制度、党建工作制度、人事制度、后勤管理制度等,涉及面广,是高校日常管理和工作的重要依据与行为准则。其中,高校人事制度包括工作人员的招聘、调配、培训、交流、聘任、考核、奖惩、任免、晋升、工资、福利、社保、辞退、退休、抚恤等一系列管理与服务制度。E-HR服务台能够对人力资源管理部门发布的各类规章制度进行分类管理与查询,还能支持"特征检索"和"全文检索",实现对规章制度查询的快速定位。

二、流程及表单下载

人力资源管理部门的大多业务往往需要协调多个部门共同办理。以教职工入校报到程序为例,入校报到流程涉及学校办公室、组织部、保卫处、国有资产管理处、财务处、图书馆、档案馆、校医院、工会、团委等十几个职能部门。新入职的教职工,对于先去哪个部门再去哪个部门,需要携带什么材料,往往是一头雾水,来来回回跑很多冤枉路;对于应届毕业生、出站博士后、留学回国人员、引进人才和调入人员等不同身份的人员,需要准备的材料也不尽相同,增加了工作人员业务办理的复杂性,亟需用系统提供的功能加以解决。人力资源自助服务平台应提供各类办事流程的分类管理,教职工可以下载需要办理业务的流程,查看详细办理过程及需要准备的材料等。

人力资源管理工作中常常涉及各类表单的填写、备案等工作,如各类通知书、应聘表、审批表、需求表等。E-HR服务台可提供对人力资源管理部门发布的各类人事表格的分类管理和下载功能,工作人员、人事干部、教职工可以根据业务需要下载相应的附件,准备所需的信息和资料。

三、意见箱及咨询台

传统的人事工作,往往更注重上传下达和落实情况,而由于缺乏有效的沟通交流平台,忽略了教职工的感受和体验。系统的意见箱能够为全体教职工提供一个交流沟通的平台。教职工可通过意见箱提交对人事工作的意见和建议,具有答复权限的用户可对意见和建议进行书面答复。人力资源管理部门在出台某项规章制度或管理办法前,一般会向相关单位征求意见,各单位对拟出台的制度进行意见反馈,这项工作也可以在意见箱中实现。意见箱中的内容可以Excel格式导出,以便于归纳统计,为学校人事工作提供科学决策依据。

咨询台可为全体员工提供一个政策与信息咨询的平台。教职工在工作和生活中,凡涉及人事方面的任何问题,可以随时随地在咨询台中进行提问,授权用户可以对咨询问题进行及时答复。

第二节　员工自助服务平台

员工自助服务平台是员工与学校人力资源管理之间的桥梁,员工通过自助服务平台可以实现个人信息维护、信息查阅、人事业务的在线申办,业务申请模板及流转规则能够进行灵活定义。

一、信息维护

全校员工的信息总是在动态变化中,为了实时掌握学校各类人员的最新基础数据,用户应在授权范围内可以修改个人信息,如 E-mail 地址、家庭住址、联系电话、家庭成员等,并能对变更信息进行查看、修改和报批。E-HR 服务台还应为员工提供日报/周报/月报的记录模块,支持在系统中提交、查看自己的重要信息报告内容,如工作总结、职称申报信息等。

二、信息查阅

员工能够查阅本人的全部信息,包括以登记表和花名册的形式进行查询、浏览本人的工资数据、住房公积金、个人所得税的缴纳情况,还可按年度、季度、月份及指定时间段查看工资的汇总数据等详细信息。通过系统自助查询功能,可以对薪酬发放情况一目了然。

三、业务申办

根据学校的规定和工作流程,员工在办理请销假、因公或因私出国、职称申报等日常业务时,均需向学校人事部门提出报批申请。请销假一般需履行请假手续,由本人提出书面报批申请,获得所在单位和人事部门批准后,方可离开工作岗位;假期届满,员工应按期到岗工作,及时向所在单位和人事部门申请销假。办理出国手续时,出访申请人应如实填写因公出国(境)或因私出国(境)申请表,并提交到院系、国际交流合作处、人事部等相关部门,完成报批手续后方可出国。人事部门可以根据这些日常人事业务的相关规定,在 E-HR 服务台中进行业务申请模块定义,实现人事业务的在线申请和报批,如在线请销假申请、因私出国(境)申请等业务。

第三节 人事干事自助平台

各单位的人事干事都可通过自助平台全面了解授权范围内的部门和人员情况,参与各种人事业务流程的上报、审批工作。通过人事干事自助平台的应用,可分析现有人力资源的基本信息、人员结构等数据,为改进管理与决策提供有效依据。同时,通过系统设置的规则,可以实现与人力资源管理部门之间的业务互动,如考勤的上报、奖金的二次分配、招聘需求或培训需求的提报,以及流程的审批等。此外,还可以利用手机等移动终端随时随地进行人力资源信息查询和流程审批,打破了时间、地点的限制,能够有效地提高管理水平和管理效率。

一、浏览与查询

人事干事在制订规划的过程中经常需要了解本部门的人员现状,这就要求系统能够对部门整体人员情况及动态信息进行快速查阅。系统应通过对不同学院或单位进行授权范围的设置,实现对相关人员的信息查阅浏览,查看不同分类的员工名册、员工薪酬情况等,充分了解部门人员结构薪酬水平。

系统还应按组织机构对不同人员库或不同单位的人员进行详细浏览。通过选择组织机构树中的单位或部门,相应地显示各单位的人员信息,同时可以通过岗位名称查询该岗位的岗位职责,并能将所需要的信息以 Excel 的格式单独或批量导出。系统的信息浏览界面应提供快速查询和高级查询功能:姓名可以按拼写简码,进行快速查询、模糊查询、二次查询、高级查询、多条件组合查询,用户还可根据需要来显示/隐藏查询界面。

高校的人事工作主要由人事管理部门负责,但在实施过程中,各项工作的开展都要依托于二级单位的人事干事展开。为便于人事干事对本学院或单位的人员信息进行统计,系统需具有可以在指定统计范围进行统计的功能,同时可以将结果以常用一维统计或二维统计图表的形式表现,增加数据分析的直观性。

对于一维或二维统计,通过选择某项具体统计条件,如大学本科学历,可列出所有学历为"大学本科"的人员名单;如果需要按指定范围统计,通过设置统计范围,选择不同的人员库,如在职人员库、退休人员库、离职人员库等或具体人员所在单位,可获得相应设置范围内的人员统计结果。

员工基本情况通常按登记表、高级花名册的格式来显示(见表 8-1)。查询员工薪酬情况时,可按照设置条件显示出符合条件的人员,并可灵活选择任意指定时间段的薪酬情况,同时能够按照表格等方式进行统计浏览。

表 8-1 高级花名册示例

表　号	花名册名称
1	教职工基本信息名册
2	处级及以上级别干部信息名册
3	双肩挑人员信息名册
4	管理岗位聘任信息名册
5	专业技术岗位聘任信息名册
6	工勤岗位聘任信息名册
7	本月入校人员信息名册
8	本年度退休人员信息名册
9	借调人员信息名册
10	各机构人员配置情况一览表
11	二级机构设置情况
12	正高级人才信息名册
13	岗位使用情况表
14	高层次人员信息名册

系统应该具备快速查询、常用查询、简单查询和通用查询等查询方式进行人员信息查询。快速查询是通过在信息查询主界面中直接输入部门、姓名、出生日期、身份证号、学历等预先设置好的条件进行查询的方式，还可以进行模糊查询，其特点是无须另行设置，常用于经常性查询。常用查询是通过保存常用查询条件以进行查询的一种操作方式。

二、维护与审核

人事干事根据自身所拥有的权限能够对管理范围内的员工信息进行维护。员工的培训经历、各类证书的扫描件、历年考核材料等，可以通过添加附件或多媒体的形式添加至个人信息中，作为后续职称晋升、评奖评优、干部任免等人事业务办理的依据。当部门人员发生变动的时候，能够在机构目录树下新建、修改、删除和转移相关的人员信息。

为确保员工个人填报信息的准确性，学院或部门的人事干事应对修改信息的准确性进行审核，对权限范围内的信息进行新增、删除和修改，修改后通过整体报批，提交至学校人事部门审核。为了便于进行审核，系统可仅显示个人的变动信息。

第四节　决策支持平台

为了全面了解学校、二级院系及各职能部门人员的详细情况,同时能够动态及时地掌握人事统计信息,系统应为学校和二级单位领导提供按组织机构、人员类型等多种统计分析功能,如师资队伍情况、各类人才情况、岗位设置及聘任情况、薪酬成本分析等,为学校或学院决策提供实时、准确、全面的人力资源分析数据。系统不仅能够对人员数量以及年龄、学历等静态人力资源数据进行分析,还应能够对人员流动情况、离职原因等动态数据进行分析,并对未来一段时期内的人员情况进行自动预测。

一、人力资源数据分析

系统具有全校的组织机构、岗位及人员信息结构情况查看和统计分析功能。组织机构树中的单位或部门可以浏览相应机构所属的全部人员基本信息。

系统应能够以多种分析方式展现人员结构情况,如全校或全院人员年龄结构分析、人员学历结构分析、人员结构分析汇总、离职情况统计等,为决策提供科学依据。

二、薪资分析与监控

在高校的经费支出中,人工支出占有很大的比重。利用薪资分析图、薪资分析表和薪资发放监控等方式对全校人工成本进行分析,以不同的条件、数据组合,对比用人成本,分析各类人员的薪资构成,从而发现当前薪酬制度和薪酬管理方面存在的问题,为薪酬政策的制定、优化和调整,建立科学合理的薪资分配体系提供依据。

(一)薪资分析图表

用户可根据薪资管理工作中的实际需要,以图表相结合的方式,将薪资分析结果直观地表现出来。

(二)薪资发放监控

上级领导能够通过系统随时查看全校薪资总额使用情况,包括按月度、年度监控总额使用情况,以及对计划总额、实发总额和剩余额的对比分析结果,从而更加直观地掌握薪资总额发放和控制情况。

第九章　高校 E-HR 系统的分类体系与服务

第一节　构建分层分类的高校人才队伍体系

一、人才队伍金字塔的搭建

为了体现对人才工作的重视,大多高校都成立了人才办,或与人事处并列,或挂靠在人事处,主要的职责包括:执行、落实学校高层次人才工作的各项决定;研究制定学校人才队伍建设与发展规划;配置学校人力资源;组织国家和学校的高层次人才申报与服务工作;等等。学校人事处的管理体制不尽相同,一般来说,人才办与劳资科一起,共同做好学校各类人力资源的配置、招聘或引进、合同、档案、调动等人事人才工作。

高校人力资源类型多样,从编制类别来说,可分为事业编和非事业编人员。事业编人员还可以分为常规事业编、人事代理、师资博士后和视同事业编的体制外人员,非事业编人员分为学校聘、职能部门聘、学院聘(包括项目聘)、后勤聘人员。博士后、学生事务助理是人力资源的重要补充。从工作时间上来说,高校人力资源可分为全职、长期兼职、短期兼职、临时工作人员。从单位归属来说,可以分为本部、附属机构、挂靠单位人员。从人员费来源来说,可以分为学校拨付、单位自筹、两级分担。从人员状态来说,可以分为在职、离退、离校和离世人员等。一般来说,高校采用的是多元人才聘用方式。各类人才之间建立身份转换机制。对于高层次人才,一般采用多元灵活、刚性与柔性相结合的聘用机制;对学术骨干,主要是从人才储备的角度,引入第三方评估,严把质量关;对于青年优秀人才,一些高校探索建立可进可退的机制,人事代理、师资博士后和专职科研人员方式采用得越来越普遍。

以上海交通大学为例,其制订了以"人才金字塔"为核心的"交大2020"的师资队伍发展战略规划。围绕这个战略规划,学校出台了包括"讲席教授""特聘教授""特别研究员"和"SMM 晨星学者"等在内的多层次人才的引进和培养计划,努力构建由学术大师、领军专家和青年创新人才组成的人才金字塔。以国际标准严把新进教师准入关,大幅度提高海外著名高校博士的比例,形成与学校发展水平相适应的高水平师资队伍。在学校专业技术职务晋升中,开始实施海外评审试点,逐步使教师的晋升门槛与世界一流大学接轨。

对于高层次人才的界定,各个高校可能有不同的方式,主要分为:一是国家、部委和地方政府设立的专项人才计划支持者;二是国家、部委和地方政府设立的重大奖项和荣誉称号获得者;三是国家、部委和地方政府资助的重大项目承担者。

(1)综合性专项人才计划。此类包括中组部、教育部和人社部等设立的国家特支计划(即万人计划,包括杰出人才、领军人才、青年拔尖人才)、海外高层次人才引进计划(即千人计划,包括长期千人、青年千人、短期千人、外专千人)、长江学者奖励计划(特聘教授、讲座教授、创新团队)、高校青年教师奖、百千万人才工程国家级人选、海外赤子为国服务行动计划(赤子计划)、享受政府特殊津贴人员、国家批准有突出贡献的中青年专家等。

(2)以人才培养为主的人才计划。此类包括教育部和人社部评选的全国教书育人楷模、全国模范教师、全国教育系统先进工作者、全国教育系统巾帼建功标兵、全国优秀教师、全国优秀教育工作者、全国高校优秀辅导员、全国高校优秀思想政治理论课教师、全国高校优秀思想政治教育工作者、全国就业先进工作者、高等学校教学名师、国家级教学团队负责人、教育部教学指导委员会主任和委员、国家级工程专家、教育部工程专家、普通高等学校本科教学工作评估专家委员会主任和委员、国务院学位委员会委员、国务院学科评议组成员、全国百篇优秀博士论文获得者、青年骨干教师培养计划获得者、霍英东教育基金会奖励获得者等。

(3)以科学研究为主的人才计划。此类包括院士(中国科学院院士、中国工程院院士)、双聘院士、国家杰出青年科学基金项目获得者(杰青)、优秀青年科学基金项目获得者(优青)、教育部创新团队带头人、跨世纪优秀人才、新世纪优秀人才、高校学科创新引智计划人才、教育部科学技术委员会委员、中国青年科技奖获得者、全国优秀科技工作者、全国科协系统先进工作者、中国青年女科学家奖获得者等,国家科技重大专项、国家重点基础研究发展计划(973计划)、国家高技术研究发展计划(863计划)、国家科技支撑计划、国家自然科学基金项目、国家社科基金项目、全国教育科学规划课题等重大项目和重点项目的首席专家或负责人,以及教育部、科技部等国家部委和地方政府设立的重大项目的负责人等。

(4)以社会服务为主的人才计划。此类包括国家教育督学、教育部中小学心理健康教育专家指导委员会主任和委员、国家西部大开发突出贡献个人、教育部对口支援工作先进、教育系统抗震救灾先进个人、"国培计划"专家、国家知识产权战略实施工作先进工作者、教育英才、全国五一劳动奖章获得者等。

（5）地方政府设立的人才计划。此类包括有突出贡献的科学人才、技术人才、管理人才、教学名师、创新团队负责人、优秀教师、优秀教育工作者等。

（6）高校设立的人才计划。此类包括资深教授、突贡专家、十佳教师、从事教育工作满30年教龄人员、创新研究群体带头人、平台和基地首席专家、优秀共产党员、优秀党务工作者、技能竞赛获奖者、教书育人模范党员教师、各类教育基金优秀教师等。

（7）社会和学术兼职人才。此类包括人大代表、政协委员、政府顾问、民主党派负责人、教育督学、企业顾问、期刊主编、国际会议负责人、国际组织负责人和专家、协会和研究会负责人、国际知名高校的兼职教授等。

另外，高校人力资源还可按《关于公布行政等系统中央单位评比达标表彰活动保留项目的通告》和《关于公布党群等系统中央单位评比达标表彰活动保留项目的通告》中有关项目的获得者、国家科学技术奖励工作办公室和中国高校人文社会科学信息网上公布的各类奖励获得者进行界定。

一些高校根据上述分类的高层次人才，重构了学校的人才队伍体系。以A校为例，A校建立了京师讲席、京师特聘、京师骨干、京师学者、师资博士后和人才代理的京师人才体系，校内培养和校外引进双管齐下，校内培养的符合条件的高层次人才采取直接聘任方式，校外引进人才采取直接聘任、申报人才支持计划或职称确认实现最终引进。

为建设一支规模适中、结构合理、素质精良的高层次人才队伍，大部分学校的人才工作重心聚焦在高层次人才的培养和引进方面，出台了一系列应对国家人才专项、学校人才规划、海外高层次人才的政策。学校、职能部门和学院完善体制机制，加强培养和引进的高层次人才工作条件、生活条件、团队组建、聘用机制等方面的政策支持力度；努力优化结构、重点提高质量，积极争取和利用国内外优质学术资源，培养和引进院士、千人计划、长江学者、杰出青年、高端外国专家等一批高层次人才，实现由人才队伍规模增长向人才质量提升的转移，由人才队伍整体建设向侧重高层次人才队伍建设转移，由此大幅提升学校和学科发展能力。

除了规划层面的重视，对于高层次人才，由于支持力度大，成本高，同样要规范人才遴选程序，创新人才聘用制度。主要体现在：推进人才引进第三方评估机制，逐步实现学校学科发展、岗位设置、人才遴选聘用的有机结合；实行体制内聘用与体制外聘用相结合、直接聘用与过渡性聘用相结合、全职聘用与短期聘用相结合的人才聘用机制，加强人才储备，健全人才甄别淘汰机制，促进人才合理流动，力争优中选优。为了发挥高层次人才的效益，创新分配激励机制，分层设立突出贡献者支持项目,支持人才快速发展。

学校的一流体现在具有一流的高层次人才队伍上。对高层次人才队伍建设,也要实行分类推进、多元协同。根据人才类别和层级,分类解决,区别对待,多种要素协同一致;与岗位职责、工作绩效密切结合,综合考虑历史贡献和现实贡献等多种因素;抓主要矛盾,解决突出问题,集中解决薪酬偏低、资源分配不均、缺乏有效调节机制等问题,分类推进、分层支持、多元薪酬,实行基本薪酬+协议工资,建设校院两级分担机制;强化管理服务保障体系,综合统筹"人-财-物"的联动和配套机制,构建引进前—引进中—引进后的全程服务体系,解决高层次人才队伍不稳的问题,处理好引进人才与原有人才的矛盾;明确部门职责,加强协同配合,建立高层次人才服务体系,推进信息公开与信息化服务。

对E-HR系统来说,其信息化主要实现对高层次人才类型和名单的管理,其核心功能都是增删改查、导入导出和审核。这类通用功能,可以直接在数据中心模块操作,也可以单独设立高层次人才业务模块,其后台操作原理是一样的。

(1)人才类型管理。人事处或人才办会初始录入一些常规的人才类型信息,包括人才名称、层次、类型(专项、教学、科研、服务、综合等)、设立部门、组织机构、校内对接部门(明确校内牵头与协作单位)、设立时间、结束时间(如果已经停止评选)、评选频次、评选规模、设奖目的、评选范围、评选基本条件、经费支持规模、学校配套经费、学校奖励标准等。人才办是人才类型信息的最终确认部门,教职工个人、学院和其他职能部门也可以新增、修改或删除与之相关的人才类型信息,但必须经过人才办确认才可以生效。

(2)人才名单管理。一旦建立了人才类型数据库,就可以对高层次人才名单进行类型归属工作。这个业务同类型管理一样,人才办、教职工个人、学院和其他职能部门都可以办理,最终的确认权限也在人才办,但其他职能部门除常规的增删改查和导入导出权限外,还具有类型和名单的审核权限。将高层次人才名单与人才类型信息、教职工基本信息之间进行关联,就能够生成高层次人才列表,并可以根据需要导出Excel文件进行统计分析或直接在系统上进行常规的统计分析。对于同一个人具有多个人才类型的情况,可以通过数据透视表进行分析。

(3)人才类型和名单共享。教职工个人、学院、职能部门对高层次人才信息格外关注,在日常业务中常常需要调用和统计其信息,因此,高层次人才类型和名单数据库需要面向其开放共享,体现在对相关信息的查询和导出。

(4)高层次人才调薪。一些高校对高层次人才采取特殊的薪酬模式,因此,一旦高层次人才名单发生变化,比如有人新获得某类高层次人才称号,人才办要为之发出调薪指令,人事处劳资科根据相应的薪酬设置规则兑现高层次人才薪酬待遇。因此,在高层次人才类型管理中,要增加薪酬设置规则;在高层次人才名单管理中,要增加协议的薪酬模式信息。

二、学校的未来植根在青年教师中

教育大计,教师为本,师资建设,青年为基。《国家中长期教育改革和发展规划纲要(2010—2020年)》和《国务院关于加强教师队伍建设的意见》(国发〔2012〕41号)均提到要进一步加强高等学校青年教师队伍建设。学校要加强高层次创新型科技人才队伍建设,必须高度重视对青年教师的培养支持。有研究表明,自然科学发明的最佳年龄段是25～45岁。40岁以下青年教师与学生年龄接近、沟通互动较多,对学生思想行为影响很大。2013年5月,教育部就加强和改进高校青年教师思想政治工作答记者问时指出,40岁以下青年教师占高校专任教师六成以上。清华大学、西安交通大学和东北大学的45岁以下青年教师都占60%左右。美国世界一流大学的45岁以下青年教师在整体师资队伍中所占比例在20%～50%之间。现有国家政策性文件未明确规定高校青年教师的定义。国际组织和国家重要人才项目对青年教师的年龄界定也不相同。《关于加强高等学校青年教师队伍建设的意见》要求健全青年教师选聘和人才储备机制。

综合国家相关标准及部分高校具体的相关政策,高校青年教师一般确定为40周岁以下、有正式教学科研岗位的教师。与普通青年教师相比,优秀、杰出或骨干青年教师的年龄范围更广,岗位任职要求更高。对于一些规划建设世界一流大学的高校来说,对青年教师队伍建设已经写入学校的发展规划纲要、人才队伍建设规划和年度工作要点。在学校已有的人才遴选与聘用、专业技术岗位聘用、考核、薪酬等统一政策之外,一些高校专门出台针对青年教师队伍建设的文件,更加关注和支持青年教师的成长与发展,促使各学院、各职能部门针对问题、解决问题,并强化一些惠及青年教师的激励性支持政策。但是,也有一些高校的青年教师队伍建设中还存在一些问题,涉及选留、岗位聘用、考核、培训、薪酬福利等方面,具体如下:

(1)引进人才时重学历轻能力。

(2)总体上看,专业发展支持力度还不够,在教师队伍中脱颖而出的杰出青年教师还不够多,特别是获得高层次人才称号青年教师比例较低,争取和承担国家重大科研项目的能力还不够强。

(3)高级专业技术岗位聘用名额有限,青年教师的上升通道不够灵活畅通,挫伤了一些青年教师的积极性。在一些高校,尤其青年教师工作压力大,职称评定需要熬年头。

（4）薪酬福利政策缺乏吸引力，青年教师的待遇还不高，生活压力较大。

（5）现在学校的制度设计是遵循竞争逻辑，轻团队合作。

青年教师只是学校教职工从年龄上区分的一类，在日常管理上并不要有太多特殊之处。重点是在公平、公正和公开的原则下拓宽青年教师的晋升通道和专业发展路径，提高青年教师待遇，不拘一格用好人才。从信息化管理的角度来说，E-HR系统只需要在教职工基本信息中设置年龄字段，在高层次人才管理模块中设置青年人才类型和名单，在支撑其他业务流程时，可以将年龄作为一个可以考虑的属性因素。

美国世界一流大学的新教师和初级教师建设策略可以为我国高校的青年教师建设提供启示和借鉴。美国许多大学对青年教师和新教师有专门的启动支持政策，称之为 Start-up Package 或者 Faculty Recruitment Packages，意思是解决青年教师和新教师一揽子的待遇，其中包括安家费、住房补贴、购置计算机和启动科研经费等。美国许多世界一流大学为青年教师和新教师配备导师以帮助他们适应新环境和加快学术成长。教师工作坊也是美国世界一流大学促进青年教师成长的重要方式。教师工作坊其实就是小组工作，既可以作为资深教师指导青年教师的契机，也可以作为青年教师之间相互探讨教学、科研工作和交流切磋的平台。为了促进教师职业发展，美国的世界一流大学普遍开设在职教师培训项目，以帮助本校教师，尤其是新教师和青年教师掌握教育教学知识、教学技能、教学方法和教学策略等。学术休假制如今已逐步发展成为美国世界一流大学用于教师发展的重要策略，还专门针对青年教师群体建立了各种初级教师学术休假项目。此外，美国的许多世界一流大学教师管理机构设有各种专项教师发展资助项目，包括常规项目和非常规项目两大类。

第二节　高校多元化招聘人才

一、通用公开招聘流程

建设世界一流的师资队伍，首先是要招聘到优秀的人才。大部分高校实行了多元化的招聘方式，新进专任教师岗位主要面向国内外公开招聘，内部岗位流转实行竞聘上岗。高校实行的公开招聘与企业招聘人才有区别。对于大部分高校来说，人才招聘的流程是根据人才队伍规划和编制情况，发布公开招聘通知和年度招聘岗位计划，包括应届博士毕业生选留、优秀人才调入和引进、博士后选留、专项工程人才招聘、非事业编人员招聘等。人才办招聘到各类人才后，由人事处劳资科办理入职报到手续，调取档案，签订合同，对人事信息进行管理，兑现相关的薪酬福利待遇。

对于应届毕业生,高校教师岗位非常有吸引力。只要高校发布每年的招聘通知,就会有大量的应届毕业生(包括本校和外校的毕业生)应聘,应聘者众多,需要有专门的招聘系统;对于真正优秀的高层次人才,高校又必须投入大量精力去主动引进,很难要求高层次人才主动用招聘系统;除了事业编人员的招聘,高校的二级单位还会公开招聘大量非事业编人员,这类招聘的岗位量大,涉及的单位也多,也需要招聘系统支持。从 E-HR 系统功能模块看,主要包括招聘网站与招聘内部管理两部分。招聘网站对公众开放,用于发放招聘信息,接收应聘人员简历;招聘内部管理是对学校招聘工作的过程管理,包括招聘计划制订与审批、招聘岗位发布、简历筛选、招聘过程组织、名单审定等。

二、高层次人才引进

高层次人才引进一般有正常调入和引进两个途径,不限名额,但会考虑各二级单位和学科的人才梯队结构。调入的人才一般是已经参加过工作的事业单位的工作人员,调入后仍然按事业编人员管理;引进的主要是海外高层次人才,可能进入事业编,也可能按非事业编的方式聘任。高层次人才人选确定常常采用以才引才的方式,通过深入沟通洽谈,并积极创造条件,确定调入和引进的目标人选。一般来说,其流程是校外人才自行填写或学院代替填写拟引进和调入人员的推荐表,这个过程可以线上进行,也可以采用传统线下方式;学院根据校外人才的情况,审核推荐表,通过 E-HR 系统录入申请岗位情况、单位推荐论证说明、学院学术委员会意见、单位党政领导意见;人才办根据学院的推荐情况以及校外人才情况,初审并将推荐人员上报学校审议;根据学校审议结果录入审议意见以及引进人才的相关薪资待遇;系统将学校审议结果反馈给学院;学院根据人事处人才办的反馈结果,和相关校外人才沟通确认最终的录取结果。人才办根据学院反馈的最终录取结果,发送两个通知:一是通知人事劳资科办理相关的报到、起薪等手续,报到后数据进入人才基本信息库;二是通知师资科,说明需参加专业技术职务认定或专业技术岗位聘用人员。虽然通过 E-HR 系统可以节省很多需要当面进行的流程,但由于高层次人才引进有一个复杂的洽谈过程,线上流程更多只是进入程序上的过程记录,有相当多的信息录入过程实际上是由学院和人才办进行的。随着信息化应用的逐步深入,相信有更多的高层次人才会逐渐习惯并喜欢网上办事流程。

对于人才调入和引进、解决两地分居、子女入学等工作中所涉及的人事处与校外单位、政府部门之间的业务办理,E-HR 系统只需记录结果信息,其他流程按照政府部门的要求办理,有些政府部门也已经建立系统支持在线办理业务。

三、优秀毕业生选录

优秀的应届毕业生是高校新进人才的重要来源，虽然越来越多的知名高校逐渐不再直接选留本校或国内高校的应届毕业生，代之以博士后或国外高校的博士毕业生作为人才选留的蓄水池，这类人才的招聘其实也是按应届毕业生的方式办理手续，只是来源不同而已。学院根据本单位的用人情况，选取录用一些优秀的毕业生，并将结果报人才办审核，人才办报学校审议确定是否录用，这个流程与人才调入差别不大。

学院根据人才办下发的招聘通知，通过招聘管理模块填写本单位本年度的招聘计划，并将招聘计划信息提交的人才办审核。

人才办审核学院提交的招聘计划，审批招聘人数，并将审批结果以通知的形式反馈到学院，通过招聘网站发布公开招聘计划。

应聘毕业生在线填写选留推荐表和简历，并将填写的结果提交学院在线审核。学院也可以直接录入毕业生选留信息。

学院根据毕业生的情况，审核推荐表，线上或线下组织笔试、面试等工作，并录入申请岗位情况、单位推荐论证说明、学院学术委员会意见、单位党政领导意见，确定拟推荐录用的毕业生名单报人才办审核。

人才办根据学院的推荐情况以及毕业生情况，报学校审议是否录用，并将审议结果反馈给学院；学院根据人事处人才办的反馈结果，和相关毕业生沟通确认最终的录取结果；人才办根据学院反馈的最终录取结果，通知人事劳资科办理相关的报到手续，报到后数据进入教职工基本信息库，并发送起薪通知。

四、专项工程人才招聘

对于"985工程"高校，常常还招聘有大量全职和兼职的"985工程"人才，这可以利用通用的招聘管理模块，也可以单独配置针对特殊人才的招聘模块或招聘批次。由于这类人才的层次较高，一般难以要求其在线办理太复杂的流程，一些流程需要由学院或人事处代为办理，有些流程需要线上与线下结合。在E-HR系统支持下，申报时录入重要内容，申报表以附件形式上传；学校审批结果由人才办录入系统；人事处录入合同信息后，系统自动通知劳资科起薪；系统可自动打印"工资卡办理单"和"校园卡办理单"，并由招聘到的人才去财经处和信息网络中心现场办理登记手续，信息可以从网上传递。

"985工程"招聘的人才以长短期兼职人员为主，主要是科研人员，一些高校为此还专门创新专职科研队伍建设新模式。一些高校的综合交叉平台也采用类似"985工程"专项人才的管理方式，在招聘、岗位聘任、薪酬等方面都不同于普通事业编人员。

第三节 高校人事工作的源点

一、入职

无论是高层次人才、应届毕业生或专项工程人才,确定被聘用后,都需要到人事处劳资科办理入职报到手续,这是人事工作的源点。通过入职报到管理,可以初始化录入新进人员的基本信息,生成教职工的工作证号并开通E-HR系统账号,打印工作证,通知起薪,开通校园卡,以及其他相关的一系列工作。主要流程有入职登记、入职确认和起薪通知。入职报到是拟聘人才和学校及E-HR系统的"第一次亲密接触",也是人事信息建档的最核心环节,起薪也涉及拟聘人才切身利益,对工作效率和服务质量要求相当高。

(1)入职登记。新进人员的资料可以从招聘系统的简历中提取,也可以由聘用人才或劳资科人事信息管理业务人员直接录入。录入资料之前需要先为聘用人才分配工作证号。E-HR系统可以根据设定的编码规则,自动生成工作证号并分配E-HR系统账号和初始化密码。工作证号是学校所有业务系统互联互通的关键码,考虑到聘用人才可能由系统中已有人才流转,如由非事业编转为事业编人员,因此,一些高校以身份证号作为唯一性系统账号,但这并不可取。分配账号的同时还需要生成初始密码,建议采用证件号码中的数字而不是简单以生日替代。录入新进人员基本资料后,启动入职流程,并通过系统记录入职材料的齐备情况、入职流程完成情况。由于高校新进人才特别是应届毕业生选录比较集中,可在入职报到处设立公用计算机,方便新进人才在线办理入职登记手续。

(2)入职确认。入职流程走完后,入职材料核实无误,即可进行入职确认。入职确认时,系统将自动进行一系列的初始化工作。例如,将入职人员信息转入教职工基本信息库中;发起起薪流程,给劳资科发送起薪通知;通知社保管理和公积金管理等相关人员办理基本手续;入职确认后,生成工作证号,就可以通过系统打印工作证了,工作证的打印可以根据实际情况定制模板。入职确认可以有学院审核、劳资科确认两个流程,也可视人员类别的不同,跳过学院审核流程。入职确认后的教职工基本信息,将发送到其他职能门或业务系统,以方便新近人员办理校园卡、工资卡等。

二、人事信息修改、审核与快照

一些高校的人力资源部门常常为大量教职工个人信息的准确性和更新机制发愁。如果没有 E-HR 系统支持,确实难以实现教职工个人维护人事信息、二级单位和人事处双重核校的机制,那么,可以想象其人事信息维护工作量是多么大,而且准确性也存疑。在 E-HR 系统支持下,教职工个人可以查看到所有与之相关的基本信息和子集信息,二级单位可以查看到本单位教职工的授权基本信息和子集信息。有此前提,如果教职工个人或二级单位一旦发现教职工的人事信息有不准确的地方或者有需要更新的信息,完全可以通过系统在线提交修改申请并更正或更新信息,经过人事处劳资科确认的修改申请,就可以更新到教职工人事信息库了。对于一般信息或容易佐证的信息修改,完全可以直接确认;对于涉及参加工作时间、学历、学科等重要信息更改,教职工向人事处提交相关纸质证明(系统支持上传扫描件证明),经过人事处审核后进行相应更改,并将相关材料送档案馆存档。根据需要,也可以直接在 E-HR 系统建立电子档案。

人事信息修改的难点在于审核机制。个人修改、二级单位审核、人事处劳资科审核形成多重审校机制。但是,人事信息修改可能涉及的教职工数量多、修改的字段多,需要一套流程简化、审核方便的方法。在 E-HR 系统支持下,对于教职工基本信息的审核,系统采用逐个对象字段审核的方式,在显示页面下方高亮显示教职工个人修改的字段,在页面上方逐条显示教职工修改的字段的原信息、新信息、审核意见(默认是通过),这种情况兼顾不同意见,最终给出整体审核意见。

对于教职工的人事子集信息的修改,因为涉及的子集多,每个子集又有多个字段、多条记录,因此,系统以单条记录为单位进行审核,同样还可以关注到单条记录中单个字段的修改。不同的子集信息字段对象可能不一样,因此,需要为每一个人事子集信息专门设置修改申请和审核页面。人事信息修改看似是一个简单的功能,但只有人事信息准确或有使其准确的机制,E-HR 系统才有信心向全校教职工和职能部门开放。有错误不要紧,但是一定要提供改正错误的诚意和途径。

学校领导和上级单位常常会要求人事处提供某个时间节点的人力资源统计分析数据,但是,人力资源的信息是随时可能发生变化的。如果要通过某种逻辑推算出时间节点数据,常常需要花费更多的时间,且统计分析的结果不一定是最准确的。那么,有没有什么好办法解决这个难题呢?E-HR 系统支持通过数据快照的方式存储任何时间节点的人力资源信息。而且,系统还支持自定义需要存储的对象字段,根据需要增删改查和导入导出,并在后台根据设定的规则生成

Excel 文件。经过快照存储的时间节点数据,可以纳入内置的数据中心进行统一管理和维护,这样也就能方便被 E-HR 系统的其他模块和其他职能部门的业务系统调用,也能根据需要进行数据统计分析。

三、校内调动优化校内人力资源配置

当前,高校用人自主权仍存在较大不足,落实和扩大高校用人自主权,是激发高校办学活力、全面提高质量的重要基础。从地方高校来看,用人机制不够灵活是地方高校面临的普遍问题;从中央部门所属高校来看,随着高校人事制度改革的深化,其用人自主权得到较为全面的落实和扩大,但在编制管理、岗位设置、工资总额等方面仍然实行原有的审批制度,不同程度地束缚着高校的发展。在中央大力实施政府职能转变、简政放权的大背景下,高校用人自主权有望得到进一步扩大。这一方面需要有关高校的有效自律、社会的理性关注;另一方面更需要人事、编制、教育等主管部门的自我革命、大力推动。

高校用人还要重视盘活增量,做好校内人力资源的调配,一是教职工所在单位的调动,二是教职工在调动单位的同时调整岗位类别。校内调动一般要涉及教职工本人、调出单位和调入单位、人事处人才办、劳资科和师资科等。在 E-HR 系统的校内调动模块支持下,拟调动人员在系统中填写校内调动申请,经调出单位审核、调入单位审核、人事处审核、个别人员需要经学校审批同意后,由人事处确认调动完成。E-HR 系统将自动调整教职工有关单位和岗位信息,并自动记录调动过程信息。涉及薪酬调整的,系统自动发送调薪通知。对于因学院调整而出现的批量校内调动情况,可以直接根据学校机构调整的文件,通过数据导入的方式进行批量调动,简化中间审核环节。除双肩挑人员外,由于职务任免涉及单位调动的,职务任免和校内调动两个模块自动关联并变更信息。

四、纸质与电子化双重管理合同与档案

(一)合同管理使人事关系有法可依

多元化的用工模式使高校的劳动人事关系日益复杂化,教职工之间的利益差异化,不可避免地对和谐劳动人事关系的构建提出了新的挑战。《事业单位人事管理条例》规定:事业单位与工作人员一般订立 3 年至 5 年的合同;对人员流动性强的岗位,可以订立 3 年以下的合同;对相对稳定的岗位,可以订立 5 年以上的合同。对以完成一定工作任务为目的订立的合同,根据工作任务确定合同期限。聘用单位与工作人员协商一致,可以订立前款任何一种期限的合同。在本单位连续工作满 10 年,且年龄距国家规定退休年龄不足 10 年的工作人员,提

出订立聘用至退休的合同的,事业单位应当与该工作人员订立聘用至其退休的合同。也就是说聘用合同期限一般不低于3年。对于初次就业/期限3年以上,试用期为12个月(也就是说一年后要办理工作人员转正定级手续)。

同劳动合同一样,聘用合同也存在一些解除的情形,例如,事业单位工作人员连续旷工超过15个工作日,或者1年内累计旷工超过30个工作日的,或者年度考核不合格且不同意调整工作岗位,或者连续两年年度考核不合格,或者受到开除处分的。一般来说,工作人员解除合同要提前30日书面通知。自聘用合同依法解除、终止之日起,事业单位与被解除、终止聘用合同人员的人事关系终止。

事业单位工作人员与所在单位发生人事争议的,依照中华人民共和国《劳动争议调解仲裁法》等有关规定处理。工作人员对涉及本人的考核结果、处分决定等不服的,可以按照国家有关规定申请复核、提出申诉。事业单位违反本条例规定的,有关部门责令限期改正;逾期不改正的,对直接主管人员和其他直接责任人员给予处分。人事关系处理违反本条例规定给当事人造成名誉损害的,应当赔礼道歉、恢复名誉、消除影响;造成经济损失的依法赔偿。

从上述政策规定可知,高校必须依法做好合同管理工作。无论是聘用合同或劳动合同,既需要签署纸质合同,E-HR系统还要记录电子合同信息和签订过程。

(1) 合同信息管理。合同基本信息包括合同类型、聘任部门、聘任岗位、岗位级别、签订日期、起始日期、终止日期、签订方式、聘期类型、是否当前合同等。这些信息必须与签字的纸质合同一致。合同信息管理还要能够支持合同信息查询、合同模板与合同打印等。系统支持先在线录入合同信息,教职工个人、二级单位和人事处确认一致后,再根据合同模板生成纸质合同用以签字,或者先签纸质合同再录入电子合同信息。

(2) 合同签订管理。合同签订管理包括合同新签、续签、重签、终止等操作,E-HR系统支持在线操作和线下签署。对于签署多次合同的,也要详细记录合同签订过程信息。通过系统可以查询教职工当前合同情况,以及历次合同签订情况。

(3) 合同提醒。主要是合同到期提醒和合同信息调整提醒,以合同管理待办事项方式形成列表,作为合同管理与其他业务之间的联系纽带。通过E-HR系统可以设置到期提醒规则,包括提醒周期、提醒方式、提醒对象、提醒内容等。系统根据提醒规则,自动生成提醒信息,支持邮件、短信、站内消息等多种提醒方式。若人事信息发生变化,如果涉及合同的调整,也会生成待办事项。合同信息变更涉及薪酬调整的,发出调薪通知。

(二)档案管理使人事信息有据可查

高校人事档案管理主要关注的是高校教师的个人基本情况登记、工作单位变动、主要人事考核信息、工资变动信息等,记录教师专业发展的历程,为人事调配工作提供准确、精细、全面的人事信息。但这种个人信息汇集型档案管理需要向建立人才档案方向转变,实现人事档案的现代化、信息化、法制化、标准化管理。

在现阶段,纸质档案还是必需的,E-HR系统支持下的档案管理既包括对基本档案信息的数字化处理和记录,还包括对档案管理过程的记录。在系统支持下,更容易实现对各类人事过程信息的完整记录和查阅,也便于直接根据模板打印相关档案信息表。档案过程管理包括档案的接收、转出、借阅、材料接收等,档案目录可灵活设置。教职工入职时,可生成档案接收待办事项,接收档案时,做档案接收登记即可。档案材料可分批分次接收,接收时,在线做材料接收登记。一些高校的人力资源管理和档案管理并不是同一个职能部门,因此,通过E-HR系统记录档案信息和档案管理过程信息,也有利于两个部门协同校验档案信息。另外,有电子档案存在,也方便补齐遗漏的档案信息。

五、在线离校简化手续和节省时间

流动机制不健全和退出机制不畅是高校人事制度改革面临的一个难题:一是人员退出难度大,解聘和辞退人员难以真正退出学校,也极易引发人事劳动争议,增加人事工作的难度和管理成本;二是校内人员单位调动和岗位变动流程不畅,低聘和降聘难以落实;三是养老保障社会化程度不高,学校压力大。近些年,一些高校为探索建立人员流动机制,引入人事代理、非升即走、非升即转等管理方式,根据合同约定加强聘期考核,取得一定成效,但没有从根本上扭转流动退出机制缺失的局面,这既与固有的观念问题有关,也受社会保障政策的制约。教育部人事司的调查显示,人们普遍认为高校应当推行社会养老保险改革,但对改革后的待遇变化以及新老过渡的稳定性存在疑虑。高校与企业采取不同的养老保障模式,在部分地区采取不同的医疗保障模式,从高校向企业或社会的流动事实上会造成福利损失。构建统一的社会化社会保障制度,是建立高校人员流动机制的制度保障。

离校管理是对在职人员离职的过程和相关信息的管理,包括离校人员登记、离校确认和离校人员信息管理。人事处劳资科负责为离校人员办理离校手续,登记离校信息,包括离校原因、离校日期、离校去向等。离校人员办理完各项离校手续后,在系统中确认人员离校,系统将自动进行一系列处理,包括:通知合同管理人员,在系统中解除合约;通知工资管理人员,及时对离校人员停薪;自动停止离校人员的系统账号;将离校人员信息从在职人员变更到离校人员。这个过程还可能涉及资产处、财经处、网络中心、图书馆、人力资源服务中心等其他职能部门,主要是对与之相关的人财物事项停止服务情况的确认。因此,对于不必现场办理的业务,E-HR系统支持这些职能部门网上确认,这样离校人员就不必花费大量时间到各个职能部门现场办结。

离世也可以视为离校情况的一种,其业务办理流程与离校管理相似,既可以纳入离校管理模块,也可以单独配置离世管理模块。要办理离世手续、离世登记、离世调薪。人事处劳资科登记离世证明信息、变更人员状态,其他职能部门确认办结情况,薪酬管理部门根据停薪通知办理停薪业务。涉及抚恤金和安葬费的,按规定发放并登记。

六、博士后是人力资源的组成部分

博士后指的是一些新近获得博士学位的人,在其成为正式的专职研究人员之前,经过竞争而获得有关部门提供的津贴,在一所水平较高的研究机构做一段研究工作,以取得科研经验。博士后是一种工作经历,培养和使用相结合。博士后是学校人力资源的重要辅助力量,接受国家和学校的博士后管理办公室的双重管理。博士后日常经费主要来源于国家财政拨款、学校财政拨款和设站单位筹资。有些学校根据国家拨款和学校财政情况,按计划内、外招收博士后,二者的区别主要在于学校提供的待遇和支持条件不同。

欧美及日本等国家博士后制度大体相同。美国界定博士后具体是指在获得某个专业领域的博士学位(或相当于博士学位)不久,依靠所在科研机构合作导师的指导,全职从事临时性的科研学术工作,并能够自主地发表自身科研成果的研究者。在美国招博士后与招研究生截然不同,博士后属于岗位招聘,即临时雇员。招聘工作由研究室的学科带头人和人事部门来完成。美国博士后经费资助已形成博士后奖学金、联邦政府的培训拨款、研究拨款或合同三种最主要的资助类别。美国没有全国性博士后管理机构,政府不介入直接管理。美国博士后的管理主要还是依靠各个高校。美国的博士后的考核评价形式主要有两种:一是其发表的论文著作及申请专利的数量和质量;二是导师的评价。美国博士后同样面临着问题,例如,博士后研究人员的职业前景越来越暗淡,博士后研究人员的待遇亟待提高。

对于我国一些高校来说,博士后在人力资源中发挥的作用有限,存在一些问题。例如,博士后招收规模相对较小,在科研团队中的比例还偏低、作用还不够突出;一部分博士后研究人员创新能力不够强、质量有待提高;博士后研究人员国际交流不够广泛、科研国际化水平不高;等等。为了更好地发挥博士后作为人力资源重要补充和蓄水池的作用,一些高校采取了一些改进措施。例如,在扩大博士后研究人员招收规模的基础上,着力吸引海外留学人才、外籍博士后和其他优秀博士后;整合国家、学校、用人单位、导师四个方面的经费资源,改革博士后薪酬体系,积极提高博士后待遇和其他社会福利以吸引优秀博士后人才;鼓励承担国家重大科技项目、重大工程项目的导师多招收博士后。具体来说,E-HR系统要支持学校博管办做好博士后的进站、出站和在站等信息化管理与服务工作。

(一)选择优秀的博士后顺利进站

E-HR系统的博士后管理模块主要包括博士后进站、博士后出站、博士后科研工作量、博士后考核管理、博士后导师管理、博士后流动站管理等。博士后流动站、博士后合作导师的管理,主要是对其信息记录的增删改查和导入导出,与学校组织机构管理、教职工信息管理模块功能一致,且通过组织机构代码、教职工工作证号关联信息。博士后科研成果管理可以纳入内置的数据中心模块一并管理。博士后考核管理主要是对开题报告和结题报告的管理,具体组织管理工作在学院和博士后流动站。E-HR系统支持对各类博士后名单、科研成果、考核情况、合作导师、博士后流动站的信息记录,这些信息由博士后个人、学院和博士后流动站、合作导师、学校博管办共同维护和审校。

在博士后进站环节,人事处博管办分配即将入站的博士后工作证号,并作为E-HR系统的账号;博士后根据分配的工作证号登录系统,填写个人入站信息;博管办根据博士后提交的纸质材料审核博士后提交的申请信息,审核通过,博士后正式入站,并通知劳资科起薪。已经入站的博士后,主要由学院和博士后流动站管理,与导师合作开展科研工作。因此,已经入站的博士后信息要开放给学院和导师,由其负责维护博士后的中期检查和出站考察信息,学校博管办负责信息确认。考虑到国家博管办也有专门的管理系统,因此,E-HR系统的博士后对象字段的设置,应尽可能遵循国家标准。

在站博士后要实行分类管理。对于重点资助博士后,利用国家资助经费和学校人才队伍建设专项经费招收,是学校师资重点培养对象;对于全额资助博士后,利用国家资助经费和学校人才队伍建设专项经费招收,是学校师资储备重要来源;对于配套资助博士后,主要利用重大科研项目经费或学院、流动站、合作导师自设项目经费招收,学校在医疗、住房补贴等方面给予配套资助,是学校师资储备来源;对于自筹经费博士后,利用委托培养单位或合作导师的自筹经费招收,是一种产学研合作方面的机制创新。

(二)服务优秀的博士后顺利出站

一般地,博士后入站的时效为两年,博士后出站前一个月,系统发停薪通知到劳资科(计划内招生博士后),系统自动提醒人事处办理停公费医疗手续(统招统分博士后)。博士后出站前一个月系统发邮件通知学院联系人和博士后个人,通知办理出站手续,没办理出站手续的需要定期发出站通知邮件。在博士后出站环节,博士后登录系统填写出站申请,并提交离校转单,未提交开题报告、中期考核的人员不可申请出站;博管办根据博士后提交的纸质材料审核博士后提交的申请信息,审核通过博士后正式出站,并通知劳资科停薪。博士后离站后,其状态变更和离校手续办理,可以纳入离校管理模块的人力资源一并管理。由于博士后是学校人力资源的蓄水池,学院常常从博士后中选留优秀人才,因此,博士后管理模块需要与学校的招聘管理、人事信息管理、薪酬管理模块对接。

第四节 非事业编人员及其分类管理与服务

一、常规非事业编制人员

非事业编人员是相对于事业编而言的,其人员类型很多。广义来说,只要人事关系没有转入学校的,都可以视为非事业编人员;狭义来说,非事业编人员主要是指在学校从事辅助性岗位和工勤岗位的工作人员,学校与之签订劳动合同。在事业编和非事业编人员没有并轨之前,学校一般设立人力资源服务中心负责非事业编人员的管理,主要管理校聘人员、二级单位聘人员和后勤系统聘人员。还有一些学校有校聘人员,介于事业编和非事业编人员之间,由人事处人才办审批、学校出资聘用,人力资源服务中心和用人单位共同管理。与校聘人员不同,二级单位聘用人员由用人单位自筹资金聘用、自主管理,人力资源服务中心提供政策指导、社会保险、校园卡发放审核等服务。用人单位与非事业编人员直接签订劳动合同,事业编和非事业编的很重要的一个区别体现在社会保险和合同类型。

一些高校非事业编制人员管理存在一些问题。例如,二级单位聘用人员缺乏统一管理,聘用主体有实体单位、虚体单位及项目负责人等;学校尚未建立信息化管理系统,学校无法及时了解单位聘用人员的状况;单位聘用人员的工资、社会保险和住房公积金等常拖欠,没有保障机制;用工方式较为单一,后续承担的风险较大。

为了做好非事业编制人员管理与服务工作,一些学校针对可能存在的问题,专门对这类特殊的人力资源出台了管理办法。例如,明确提出单位聘用人员需要有足够的经费,经费除保障工资、社会保险、住房公积金外,还应保障合同解除、终止后的经济补偿金。将单位聘用人员的聘用和管理权限统一纳入二级实体单位管理,其下属机构、挂靠单位或个人不得自行聘用非事业编制人员,人力资源服务中心审核劳动合同、工资发放单、校园卡申请单等,核算用人成本,对用工期限提出建议,财经处确认是否具有足够经费。在 E-HR 系统建立专门的非事业编制人员管理模块,通过系统完成信息审核、数据流转和工资审核,从而达到对非事业编制人员的全体监控。为避免拖欠现象,财经处分别设立各单位非事业编制人员工资、社会保险、住房公积金专户,专款专用,不得账外列支,对经费不足的单位,财经处及时发出预警,以便采取应对措施。此外,对非事业编制人员加班做了相应的要求,加班须有相应的审批记录或安排加班记录,并按规定支付加班工资,加班工资应列入工资明细。人力资源服务中心为非事业编制人员提供转正定级、工作证明、收入证明等服务。非事业编制人员的人事档案原则上应存放于本人户口所在地的人事档案管理机构,由本人办理个人存档手续,用人单位为非事业编制人员建立工作档案,工作档案包括劳动合同、日常考勤、年度考核、奖惩记录材料以及变更、解除或终止劳动合同的书面材料等。

对于非事业编人员来说,首先是入职报到管理。由于非事业编人员的管理主体一般是学校教学科研单位、职能部门、后勤部门、产业系统等二级单位,因此,有关报到工作主要在二级单位完成,人力资源服务中心对已报到人员进行备案登记。对任何一类人员来说,人员基本信息的准确是基本要求。人力资源服务中心会同二级单位对非事业编人员的基本信息进行维护,进行增删改查、导入导出和审核确认操作。从功能上,与事业编制人员的入职报到和人事信息管理模块类似。同样,非事业编人员也有离校、校内调动管理。

对非事业编制人员来说,合同管理是一切管理的基础。这个模块要求可查询所有的合同信息,并做合同到期提醒,要求提前 2 个月提醒;进行续聘和解聘处理。续聘时,可查看到累计合同期(即连续固定期限劳动合同的累计时间)和连续合同轮次(即当前为第几次连续订立固定期限劳动合同);录入新聘期时间和签订合同的类型(固定期限、无固定期限、以一定工作任务为期限)。解聘时,录入解聘原因、时间;停薪处理;打印离校转单。事业编人员和非事业编人员可以共用合同管理模块,区别在于人员类型和范围。

二、劳务派遣人员

一些高校采用人才派遣的方式招募特定岗位的人员。人才派遣也称人才派送、人才租赁、劳务派遣,是指用人单位通过人才中介服务机构选聘急需的人才,并由该机构分别与用人单位和派遣人员签订人才派遣合同和派遣员工合同,以规范三方在派遣期间的权利与义务,同时通过该机构为所聘人才发放薪酬、代办社会保险、管理档案等的一种新型的用人方式。特征是用人单位与劳动者个人不存在直接的劳动关系,单位用人不养人,用人单位与派遣机构共同对派遣人员实行双轨制的考核管理。劳务派遣可以使学校在一定程度上回避编外人员人事档案管理、无固定期限劳动合同的签订以及退休手续的办理,值得采用。但是,对编外人员全部实行劳务派遣,有违劳动合同法的精神,应控制在一定比例范围内。而且,劳务派遣公司的资质和信誉是关键,如果劳务派遣公司违约,用工单位需要承担连带责任。

在E-HR系统支持下,劳务派遣的业务办理流程主要是对劳务派遣人员的人事信息和派遣过程进行管理,包括:①二级单位向人力资源服务中心提出用人需求报告。②人力资源服务中心对用人需求登记备案后,二级单位自行招聘或委托人才派遣公司招聘合适的人员。③二级单位组织对应聘者面试,确定人选。④人力资源服务中心对拟聘用人选审核后,向人才派遣公司发出岗位增员通知书及由二级单位提供的岗位责任书,办理签订劳动合同和岗位责任书等相关手续。⑤被派遣人员与人才派遣公司签订的劳动合同一般为一年一签。在试用期内,若一方发现有工作不合适或不适应的情况,二级单位或被派遣人员随时可用书面报告通知人力资源服务中心中止派遣。⑥二级单位对被派遣人员在劳动合同期内负有人员管理责任,对被派遣人员作出考核、鉴定和是否续聘等意见。E-HR系统将劳务派遣人员作为一类特殊非事业编人员管理,可以通用非事业编人员管理模块。

三、退休人员返聘

高校有大量的退休人员,其中有高级专业技术人员、资深管理人员和熟练工人,这是高校宝贵的人力资源财富,可以以退休返聘的方式发挥人才余热,最大化地挖掘人才效益。是否需返聘一般考虑自身人才队伍现状、岗位本身的需要,以及返聘人员的个人意愿、业务能力和健康状况等。一般由二级单位提出申请,通过人力资源服务中心办理返聘手续,经费由二级单位自筹解决。退休返聘人员与用人单位不建立劳动关系,双方不订立劳动合同,而是订立聘用协议,双方关系为劳务合同关系。但是,在聘用离退休人员时,二级单位应与其签订书面协议,明确聘用期内的工作内容、报酬、医疗、劳保待遇等权利义务。若聘用协议约定提前解除书面协议的,应当按照双方约定办理,未约定的,应当协商解决。对E-HR系统来说,对退休返聘人员的管理,可以通用非事业编人员管理模块,重点是做好返聘人员的基本信息管理、协议信息管理和返聘过程管理。

参 考 文 献

[1] 乔继玉.人力资源规划操作指南:规划概述　实用图表　流程架构　操作方案[M].北京:人民邮电出版社,2021.

[2] 陈妙娜,吴婷,陈景阳.民办高校人力资源管理发展研究与实践[M].北京:企业管理出版社,2020.

[3] 杨宗岳,吴明春.人力资源管理必备制度与表格典范[M].北京:企业管理出版社,2020.

[4] 刘昕.人力资源管理[M].4版.北京:中国人民大学出版社,2020.

[5] 陈闽红.人力资源管理实验教程[M].北京:中国人民大学出版社,2020.

[6] 张淑华.大学组织行为视域下的人力资源开发与管理[M].北京:中国社会科学出版社,2020.

[7] 曾嵘,刘婉华.高等学校薪酬管理研究论文集萃:第5辑[M].北京:清华大学出版社,2020.

[8] 杨华磊.延迟退休政策的社会经济效应评估[M].北京:知识产权出版社,2020.

[9] 任康磊.薪酬管理实操从入门到精通[M].2版.北京:人民邮电出版社,2020.

[10] 唐建宁.高校人力资源的有效性管理探究[M].北京:中国广播影视出版社,2019.

[11] 思维.高校人力资源管理的信息化研究[M].哈尔滨:哈尔滨工业大学出版社,2019.

[12] 蒋俊凯,李景刚,张同乐,等.现代高绩效人力资源管理研究[M].北京:中国商务出版社,2019.

[13] 刘燕,曹会勇.人力资源管理[M].北京:北京理工大学出版社,2019.

[14] 曾晓娟,阎晓军.高校青年教师心理资本研究[M].沈阳:东北大学出版社,2019.

[15] 唐杰.人力资源管理理论在高校学生管理中的应用研究[M].成都:电子科技大学出版社,2018.

[16] 高升.高校人力资源管理及其创新机制研究[M].哈尔滨:哈尔滨工业大

学出版社,2018.

[17] 彭剑锋.人力资源管理概论[M].3版.上海:复旦大学出版社,2018.

[18] 赵志泉,王根芳.中国式思维视域下人力资源管理理论与案例研究[M].北京:中国纺织出版社,2018.

[19] 汪昕宇.人力资源管理理论创新与实践[M].北京:中央民族大学出版社,2018.

[20] 费洪新,张晓杰,张英博."三导向"人才培养模式理论研究[M].长沙:湖南科学技术出版社,2019.

[21] 肖浪涛,夏石头.多维协同人才培养模式案例及分析[M].长沙:湖南科学技术出版社,2018.

[22] 刘红梅.新工科大数据人才培养模式研究[M].北京:中国农业大学出版社,2018.

[23] 史仁民.高校辅导员专业发展论[M].北京:中央编译出版社,2018.

[24] 孙增武,王小红,李波.新时期高校辅导员工作的理论与实践研究[M].长春:吉林大学出版社,2018.

[25] 姜丹.高校人力资源开发与管理[M].长春:吉林人民出版社,2017.

[26] 阙胜齐.高校人力资源配置和管理研究[M].武汉:中国地质大学出版社,2017.

[27] 李媛.新时期高校人力资源管理改革的理论研究[M].哈尔滨:东北林业大学出版社,2017.

[28] 中国科协调研宣传部,中国科协创新战略研究院.中国科技人力资源发展研究报告科技人力资源与政策变迁2014[M].北京:中国科学技术出版社,2016.

[29] 史万兵.提高高校教师绩效的理论与方法研究[M].沈阳:东北大学出版社,2016.

[30] 徐延宇.高校教师发展实践策略研究[M].昆明:云南大学出版社,2016.

[31] 朱丽献.高校科研绩效考核与激励问题研究[M].沈阳:东北大学出版社,2016.

[32] 曹志涛.高校人力资源管理的培训与开发[M].长春:吉林大学出版社,2015.

[33] 常青,杜柏权.高校人力资源成本核算及发展战略研究[M].长春:吉林出版集团有限责任公司,2015.

[34] 曾海军,孙秋瑞.高校人力资源管理与服务让人事工作更轻松快乐[M].北京:人民邮电出版社,2015.

[35] 黄麟.人力资源管理外包的风险控制[M].北京:新华出版社,2015.